세상에서 가장
쓸모 있는 경제학

쓸모
있는 01
공부

★★★ 세상에서 가장 ★★★

쓸모 있는

석혜원 글 신병근 그림

풀빛

경제학

개념부터 시장의 흐름까지 쏙쏙 이해되는 경제 공부

왜 경제를 알아야 할까요?

"바보야, 문제는 경제야!(It's the economy, stupid!)"

이것은 당시만 해도 인지도가 낮았던 빌 클린턴 민주당 후보가 현직 대통령이었던 조지 부시 공화당 후보를 꺾고 제42대 미국 대통령으로 당선되는 데 결정타가 되었던 구호입니다. 경제 상황이 좋지 않았던 때라 경제에 관심이 큰 후보가 대통령이 돼야 살림살이가 나아질 거라고 생각했던 거죠.

도대체 경제가 무엇이기에 이 구호에 열광한 걸까요? Economy는 '집안 살림을 관리하는 사람'이라는 그리스어 oikonomos에서 나온 말입니다. Economy를 설명할 적합한 말을 찾던 일본의 번역가는 중국의 사상가 장자가 말했던 '경세제민(經世濟民)'을 떠올렸고, 이를 줄여서 '경제'로 옮겼습니다. 경세제민은 세상을 잘 다스려 백성을 구한다는 뜻입니다. 뜻으로 짐작할 수 있듯이, 경제란 생활 속에서 일어나는 모든 경제 활동과 효율적인 경제 활동을 위해 마련된 사회 질서, 제도를 포함하는 말입니다.

철학의 한 분야였던 경제학을 독립된 학문으로 자리 잡게 한 앨프리드 마셜은 "경제학은 인간의 일상생활을 연구하는 학문"이라고 했습니다. 특징만 콕 집어 본다면, 경제학은 "한 사회가 희소한 자원을 사용하고 관리하는데 있어서 무엇이 가장 효율적인지를 연구하는 학문"입니다. 실제로 심각한 경제 문제가 발생할 때마다 이를 해결하려고 애썼던 경제학자들의 연구는 세상을 바꾸는 데 도움을 주었죠.

이 책에는 경제 현상의 원인과 결과를 연구하여 특정한 법칙을 찾아낸 대표적인 경제학자들의 이야기가 담겨 있습니다. 더 나은 삶을 위한 좋은 선택을 하려면 경제를 잘 알아야 합니다. 내가 속한 사회에 균형 잡힌 경제 정책이 실시되고 있는지 아닌지를 살펴야 하니까 또한 경제를 잘 알아야 하고요. 쉬지 않고 변하는 현실에 적용할 수 있는 완벽한 경제 이론은 없기에 다양한 경제 지식을 갖추는 것 역시 중요합니다.

이 책에 나오는 경제학자들과 친구가 되어 그들의 경제 이론을 배워 보아요. 어느 순간 외계인의 언어 같았던 경제 용어가 들리고, 주변에서 벌어지는 경제 현상이 쏙쏙 이해될 것입니다. 그렇게 되면 자랑해도 돼요. "난 세상에서 가장 쓸모 있는 경제학을 아는 사람이야!"라고.

석혜원

차례

· 시작하며 왜 경제를 알아야 할까요? **4**

1장
경제, 기본 개념은 알아야지

+ 경제학의 아버지는 누구? 애덤 스미스 **10**

+ 공급이 스스로 수요를 낳는다고? 장 바티스트 세 **20**

+ 인구는 정말 폭발할까? 토머스 로버트 맬서스 **26**

+ 자유무역은 모든 나라에 이롭다? 데이비드 리카도 **32**

+ 정부가 무역을 통제하라고? 프리드리히 리스트 **38**

+ 자본주의는 붕괴될 것이다? 카를 마르크스 & 프리드리히 엥겔스 **45**

2장
경제, 흐름 정도는 파악해야지

+ 시장 가격과 거래량은 어떻게 정해질까? 앨프리드 마셜 **56**

+ 왜 물보다 다이아몬드가 비쌀까? 헤르만 하인리히 고센 **65**

+ 경제를 수학으로 분석한다고? 레옹 발라 **72**

+ 왜 비쌀수록 잘 팔릴까? 소스타인 베블런 **77**

+ 환율은 어떻게 결정될까? 구스타브 카셀 **83**

+ 돈을 많이 찍으면 물가가 춤춘다? 어빙 피셔 **91**

3장

경제, 논쟁의 쟁점은 궁금해야지

+ 정부가 돈을 풀어야 경제가 산다? 존 메이너드 케인스　　**100**

+ 요람에서 무덤까지 국가가 보살핀다? 윌리엄 헨리 베버리지　　**110**

+ 경제는 시장에 맡겨라? 프리드리히 하이에크　　**117**

+ 통화량과 금리가 가장 중요한 경제 변수다? 밀턴 프리드먼　　**126**

4장

경제, 배웠으면 쓸모 있게 적용해야지

+ 경제학은 누구를 위한 학문인가? 폴 새뮤얼슨　　**138**

+ 계란을 한 바구니에 담지 마라? 제임스 토빈　　**145**

+ 넛지가 행동을 결정한다? 리처드 세일러　　**151**

+ 지구상에서 굶주림이 사라지지 않는 이유는?　　**158**

　제프리 색스 & 윌리엄 이스털리

　• 소개된 책들 원서명　**166**

1장

경제,
기본 개념은
알아야지

⭐ 경제학의 아버지는 누구?
— 애덤 스미스

⭐ 공급이 스스로 수요를 낳는다고?
— 장 바티스트 세

⭐ 인구는 정말 폭발할까?
— 토머스 로버트 맬서스

⭐ 자유무역은 모든 나라에 이롭다?
— 데이비드 리카도

⭐ 정부가 무역을 통제하라고?
— 프리드리히 리스트

⭐ 자본주의는 붕괴될 것이다?
— 카를 마르크스 & 프리드리히 엥겔스

경제학의 아버지는 누구?

⋅⋅⋅⋅⋅⋅⋅⋅⋅⋅⋅⋅⋅⋅⋅⋅⋅⋅

✦ 애덤 스미스 ✦

1723~1790

Adam Smith

시장에는 보이지 않는 손이 있다고?

바구니에 사과 50개가 들어 있다고 해. 이것을 100명이 먹으려면 사과 1개를 두 사람이 나누어 먹으면 돼. 그러면 모두 똑같이 먹을 수 있지. 그런데 몇몇 욕심쟁이가 먼저 1개씩 차지해 버리자 싸움이 벌어졌어. 만약 이들이 사과가 주렁주렁 달린 과수원에 있고, 마음껏 사과를 따 먹을 수 있다면 굳이 다투지 않아도 됐을 거야. 바구니의 사과가 아니어도 먹을 사과는 많으니까. 하지만 과수원에 있어도 바구니에 담긴 사과만 먹어야 한다고 잘못 알고 있다면, 먼저 차지하려고 욕심 부리는 사람이 분명 있을 거야.

애덤 스미스가 경제에 대한 새로운 시각을 알려 주기 전까지 사람들은 국가의 부나 경제 활동에 대해 잘못된 지식을 가지고 있었어. 과수원에 있으면서도 바구니에 담긴 사과만 먹어야 한다고 잘못 알고 있었던 사람들처럼 말이야. 세상의 부는 일정량으로 정해져 있어서 빨리 자신의 것을 확보해야 하고, 나라가 부강해지려면 다른 나라의 부를 빼앗아야 한다고 생각했던 거지.

그런데 애덤 스미스는 《국부론》(1776년)에서 국가의 부는 국가가 가진 금화나 은화의 양이 아니라, 국민들이 얼마나 효율적으로 일하는가에 달려 있다고 했어. 일의 효율성을 높이려면 분업이 이루어져야 한다고 했고.

분업이란 생산의 모든 과정을 분야별로 나누고 각자 맡은 일만 하는 거야. 애덤 스미스는 혼자서 옷핀을 만들면 하루에 20개도 못 만들지만, 옷핀 만드는 과정을 18가지로 나누어 각자가 맡은 일을 잘하면 하루에 한 사람당 평균 4800개의 옷핀을 만들 수 있다는 사례를 소개했어. 그리고 부강한 나라가 되려면 생산 활동이 활발하게 이루어져야 하고, 생산의 효율성을 높이려면 분업이 필요하다고 강조했지.

또한 사람은 누구나 잘살고 싶어 하며 자신의 이익을 위해 서로 가진 것을 교환하려는 욕구를 지니고 있다고 했어. 푸줏간 주인이나 빵집 주인이 고기와 빵을 생산하는 건 사람들에게 호의를 베풀기 위해서가 아니라 돈을 벌기 위해서라고 했고. 그리고 이처럼 자신의 이익을 위해 이루어지는 사람들의 돈벌이 과정, 말하자면 시장에서 이루어지는 경제 활동에는 '보이지 않는 손'이 작용해 경제적 조화가 이루어진다고 했지. 시장에서 상품의 가격과 팔리는 양이 자연스럽게 조절되는 현상을 이렇게 표현한 거야.

시장에서 이루어지는 자유로운 거래를 지지했던 애덤 스미스는 서로 다른 나라 사이의 무역에 대해서도 자유무역을 지지했어. 예를 들어 영국에서 만들면 생산비용이 10파운드이지만 9파운드

에 수입이 가능한 상품이 있다면, 직접 생산하지 말고 무조건 수입해야 한다는 거야. 이런 이론을 무역에 있어서의 **절대우위론**이라고 해. 이것은 나중에 데이비드 리카도의 비교우위론이 등장하게 되는 이론적인 바탕이 되지.

시장에서의 자유로운 경쟁은 대기업과 선진국에 유리해. 그래서 애덤 스미스의 경제 이론을 '부자를 위한 경제학'이라고 오해하는 사람들이 있어. 하지만 사실은 그렇지 않아. 애덤 스미스는 노동을 경제 성장의 동력으로 보았거든.

그는 경제가 성장하려면 ① 노동력 공급이 증가하거나, ② 노동이 분업화되거나, ③ 새로운 기계를 도입해 노동의 질적 향상을 이뤄야 한다고 했어. 말하자면 재화의 가치를 높이고 경제 성장을 이끌어 내는 것은 노동이라는 **노동가치론**을 주장한 거야. 그러니까 애덤 스미스의 경제 이론은 '부자의 경제학'과 '가난한 사람의 경제학' 모두의 뿌리라고 할 수 있어.

10년에 걸쳐 《국부론》을 쓰다

애덤 스미스는 학문에 뛰어난 재능을 가졌나 봐. 14세에 글래스고 대학교에 입학했다는 걸 보면 말이야. 그런데 옥스퍼드대학교 대학원에 진학해 공부하던 중 철학자 데이비드 흄의 저서인 《인성론》을 읽었다는 이유로 처벌 받게 되었어. 결국 그는 자유를 억압하는 분위기가 싫어서 스스로 학교를 그만두었지. 그러고는 불과 28세에 글래스고대학교의 논리학 교수가 되었어. 25세에 에든버러대학교에서 맡았던 공개 강의가 호평을 받은 덕분이었지.

《도덕감정론》(1759년)의 출판으로 애덤 스미스는 제법 유명한 교수가 되었지만, 1764년에 대학교를 떠났어. 한 부유한 귀족이 아들의 개인 교사가 되어 그랜드 투어를 함께하자고 제안했거든. 급여를 교수의 2배나 준다면서 말이야. 당시 유럽, 특히 영국에서는 귀족 자녀들이 수개월, 길게는 수년에 걸쳐 그랜드 투어를 하는 게 유행이었어. 고대 그리스와 로마의 유적지, 르네상스 문화의 중심지였던 이탈리아의 도시와 프랑스 파리에서 살면서 견문을 넓히는 걸 최고의 교육이라고 여겼거든.

애덤 스미스는 귀족 가족과 2년 동안 유럽을 두루 여행했어. 프랑스에서는 중농주의자들과 만나서 농업과 무역, 화폐 등 경제에 대한 이야기를 자주 나누었지. 이런 만남을 통해 경제에 대한 관심이 아주 커졌어. 그런데 귀족의 동생이 파리에서 열병으로 사망하면서 유럽 여행이 중단되었지. 영국으로 돌아간 애덤 스미스는 개인 교사를 그만두었고 경제 책 집필에 전념해. 무려 10년간 열심히 집필한 책이 바로《국부론》이야. 총 5권으로 900쪽이 넘는 이 책의 원 제목은《국가의 부(富)의 성질과 원인에 관한 연구》인데, 보통《국부론》이라고 해.

애덤 스미스는 산업혁명으로 경제가 빠른 속도로 성장하던 시기에 급격한 사회 변화로 당황하던 사람들에게 새로운 시각으로 경제 질서를 알려 주었다는 평가를 받고 있어. 세상의 부는 일정량으로 정해진 게 아니어서 노동과 자본을 활용해 효율적인 생산이 이루어지면 무한히 커진다는 그의 견해는 산업혁명의 사상적 토대가 되었지.

애덤 스미스 이전의 '중상주의'와 '중농주의' 💲

1723년 영국 스코틀랜드에서 태어난 애덤 스미스는 '경제학의 아버지'로 불려. 생전에는 경제학자가 아니라 철학자로 알려졌는데, 왜냐고? 18세기에는 경제학이 철학의 한 분야여서 경제학이라는 학문이 존재하지 않았거든. 경제학과는 1903년 영국의 케임브리지 대학교에서 처음 만들어졌어. 애덤 스미스가 세상을 떠난 후 113년이 지나서야 경제학이 하나의 학문으로 자리 잡았던 거야.

그렇지만 후세 학자들은 애덤 스미스를 최초의 경제학자로 인정해.《국부론》을 통해서 경제를 과학적으로 분석해 제대로 된 새로운 시각을 알려 주었기 때문이야. 세상을 넓게 보고, 뛰어난 통찰력을 발휘해 경제 활동을 관찰하면서 새로운 사실을 찾아내기도 했고.

《국부론》이 나오기 전에는 어떤 경제사상이 자리 잡고 있었을까? 16~18세기에 걸쳐 유럽은 강력한 힘을 가진 국왕들이 나라를 다스렸어. 국왕은 국민들에게 절대복종을 요구했고, 상비군과 관료제˙를 통해 강력한 왕권을 유지했지. 국왕은 상비군과 관료제를 운영하는 데 필요한 막대한 돈을 마련하려고 상공업과 금융업으로 돈을 번 신흥 시민 계급과 손을 잡았어. 대신 국가는 이들의 경제 활동을 보호하고 육성하는 정책을 폈지. 국내 산업 보호를 내세워 이들에게 독점권, 특허권, 보조금, 기타 특혜를 주어 돈 버는 걸 도와준 거야. 이런 경제정책을 애덤 스미스는《국부론》에서 **중상주의**라고 불렀지.

당시 유럽의 지불 수단은 금화나 은화였는데, 다른 나라와의 무역에서도 금화나 은화를 주고받았어. 근대 유럽 국가들은 수출로 금화나 은화를 벌어야 나라가 부강해진다고 생각해 수출을 늘리

˙ 상비군은 왕권을 무력으로 지켜 주는 조직이고, 관료제는 국왕이 임명한 관료들이 국왕의 뜻에 따라 나랏일을 하는 제도이다.

는 데 온 힘을 쏟았지. 그런데 17세기에 이르러 합리적 사고방식이 널리 퍼지면서 사람들은 눈으로 보거나 실제로 증명할 수 있는 것만 믿게 되었어. 이런 변화는 경제사상에도 영향을 미쳐서 국내 산업 보호 정책이 오히려 자유로운 경제 활동을 가로막아 산업 발전을 해친다고 보았지. 그래서 중상주의 정책을 비판하고, 농업을 중시하는 새로운 경제사상이 등장해. 프랑스의 국왕 루이 15세의 주치의였던 프랑수아 케네에 의해서 시작된 **중농주의**야.

케네는 심장에서 나온 피가 몸속을 흐른 다음 다시 심장으로 돌아가는 것처럼 경제도 일정한 규칙에 따라 순환한다고 판단했어. 그는 혈액의 흐름에서 힌트를 얻어 경제 활동 계급을 농민, 상공업자, 지주라는 세 부류로 나누고, 이들의 관계를 그림으로 정리했지. 이것을 '경제표'라고 해. 경제표는 역사상 최초로 경제를 반복 순환하면서 생산이 이루어지는 과정으로 보고, 이를 과학적으로 분석했다는 평가를 받고 있어.

중농주의자들은 농업만이 가치를 생산할 수 있고, 상공업을 포함한 다른 산업은 가치를 생산할 수 없다고 보았으므로 토지와 농업을 기초로 경제 활동이 이뤄져야 한다고 주장했지. 그리고 경제 활동에 대한 국가의 간섭을 반대하고 자유 경쟁을 외쳤어.

산업혁명

산업혁명은 생산 기술의 발전으로 새로운 기계들이 발명되어 산업 기반이 작은 수공업적 작업장에서 기계 설비를 갖춘 큰 공장으로 바뀌게 된 것을 말한다.

'산업혁명'이란 말은 1884년 아널드 조지프 토인비의 저서 《18세기 영국 산업혁명 강의》를 통해서 널리 퍼졌다. 토인비는 영국의 산업혁명은 갑작스러운 현상이 아니라, 16세기 중엽부터 서서히 진행된 공업화로부터 시작되었다고 했다.

산업혁명으로 농업 문명사회가 공업 문명사회로 전환되었으므로 산업혁명은 공업화와 비슷한 말이다. 산업혁명은 일상생활의 변화로 이어졌다. 사람들이 집이 아닌 공장에서 일하게 되면서 일터와 가정이 분리되었고, 노동의 대가로 임금을 받는 임금 노동자가 생겨났다.

| 역직기가 설치된 영국의 면직 공장의 모습(출처: 위키미디어커먼즈) |

공급이 스스로 수요를 낳는다고?

·장 바티스트 세·

1767~1832

Jean-Baptiste Say

상품의 가치는 무엇으로 결정될까?

생산하는 데 있어서 꼭 필요한 '생산의 3요소'를 말해 볼래? 맞아.
토지, 자본, 노동이야. 이것을 처음 말한 경제학자가 바로 장 바티
스트 세야. 그는 생산에 관여한 대가가 자본가의 이자, 지주의 지
대, 노동자의 임금으로 분배가 이루어지면 소비로 이어진다고 했
어. 그의 이론은 경제 활동을 생산과 분배, 소비로 나누어 분석하
는 토대가 되었지.

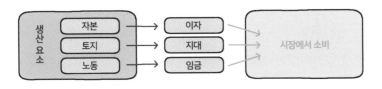

　혹시 어떤 취미를 가지고 있니? 내 친구는 미니카를 모으는데,
자질구레한 물건을 사는 데 용돈을 탕진한다고 꾸중을 들으면서
도 꾸준히 모으고 있어. 그 친구에게는 미니카가 장난감 이상의
의미가 있는 물건인 거지. 이처럼 어떤 재화˙에 대해 느끼는 주관
적인 만족도를 경제학에서는 '효용'이라고 해. 세는 재화의 가치

● 사람이 생활하는 데 필요한 모든 물건. 이것을 돈을 주고 사야 하면 경제재라고 하며, 대가
　없이 가질 수 있으면 자유재라고 한다.

가 소비자의 주관적인 효용에 따라 결정된다고 주장했어. 이것을 **효용가치설**이라고 해. 반면 애덤 스미스는 재화의 가치는 이를 생산하는 데 들어간 노동력에 따라 결정된다는 '**노동가치설**'을 주장했어. 나중에 소개할 데이비드 리카도와 카를 마르크스도 마찬가지였고.

1767년 프랑스 리옹에서 신교도 상인의 아들로 태어났던 세는 18세에 영국으로 가서 런던의 상업 지구에서 2년간 살았어. 이때 산업혁명이 이끌어 낸 영국의 변화를 체험했고, 《국부론》을 읽으며 경제에 관심을 갖게 되었지. 그는 1799년 나폴레옹의 쿠데타로 들어섰던 프랑스의 새 정부에서 100명의 호민관* 중 한 사람으로 임명되었어. 그렇지만 시장을 규제하고 과도한 세금을 걷는 나폴레옹의 경제정책에 반감을 느꼈지. 자유주의 경제정책만이 프랑스의 빈곤과 실업을 해결할 수 있다고 판단했거든. 생산과 분배, 소비에 대한 이론을 집필한 《정치경제학》(1803년)은 이런 신념을 담아 쓴 책이야. 이후 정부의 경제정책을 비판한 내용이 문제가 되어 그는 호민관에서 물러나야 했어. 그렇지만 이 책은 장 바

• 원래 호민관(Tribune)은 고대 로마에서 평민의 권리를 지키는 일을 담당했던 관직으로 평민 중에서 선출되었다. 프랑스 통령정부(1799~1804)의 입법부는 서로 다른 역할을 하는 4개의 조직으로 구성되었다. 참의원은 법안을 발의하고, 호민원에서는 토의만 하고, 입법원에서 표결하면 원로원에서는 위헌 여부를 심의했다. 장 바티스트 세는 호민원(Tribunat)에 속했던 호민관이었다.

티스트 세를 역사가 기억하는 경제학자로 만들어 주었지.

아마 세를 몰라도 이 말을 들어 본 사람은 제법 있을걸.

"공급은 스스로 수요를 낳는다(Supply creates its own demand)."

《정치경제학》에서 세가 주장한 이론이야. 그런데 사실 세는 이렇게 표현하지 않았어. "어느 한 재화의 공급은 그 재화의 수요가 아니라 다른 재화의 수요를 만들어 낸다"라고 했지. 이것을 '시장의 법칙'이라고 하였고. 그런데 훗날 존 메이너드 케인스라는 경제학자가 여기에 '세의 법칙'이라고 다시 이름을 붙이면서 간략하게 표현을 바꾼 거야(케인스는 세의 법칙에 동의하지는 않았어).

세의 이론을 좀 더 쉽게 설명해 줄게. 예를 들어 미니카를 공급하려면 필요한 재료를 사고 노동자에게 임금을 주어서 먼저 물건을 만들어야 해. 이때 노동자가 재료비와 임금으로 받은 돈을 소비하면 또 다른 재화에 대한 수요가 생겨나게 돼. 그러니까 세는 특정한 어떤 재화의 공급이 같은 재화의 수요를 발생시키는 건 아니지만, 경제 전체로 보면 총공급과 총수요는 일치한다고 판단했던 거야. 만약 사람들이 소득을 모두 소비하지 않고 일부를 저축한다면, 총공급과 총수요는 일치하지 않아. 하지만 당시엔 저축은

✡공급이 여러 수요를 낳는다✡

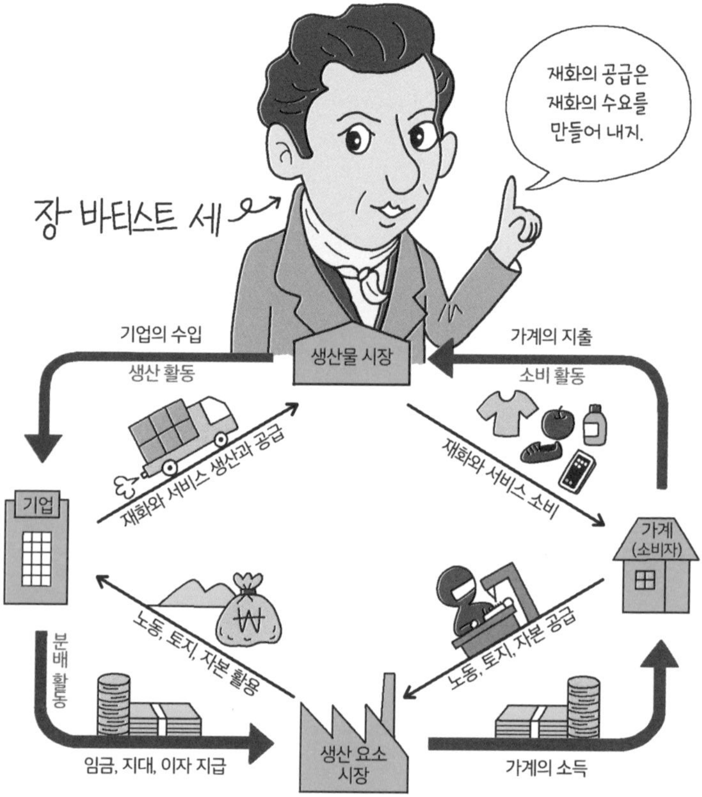

재화의 공급은
재화의 수요를
만들어 내지.
장 바티스트 세
기업의 수입
생산 활동
생산물 시장
가계의 지출
소비 활동
재화와 서비스 생산과 공급
재화와 서비스 소비
기업
가계
(소비자)
노동, 토지, 자본 활용
노동, 토지, 자본 공급
분배 활동
임금, 지대, 이자 지급
생산 요소
시장
가계의 소득

무시해도 괜찮을 수준이었으니(대부분의 사람들이 저축을 안 했거든)

경제 흐름을 잘 설명했다고 봐야지.

세의 법칙은 산업화가 활발하게 이루어지기 시작했던 당시 여러 나라들의 경제정책에 영향을 끼쳤어. 국가의 경제 성장은 공급 능력, 즉 자원을 효율적으로 사용해 필요한 재화를 생산하는 능력에 달려 있다고 강조해 공급을 중시하는 경제정책을 펴는 토대가 되었거든. 재화의 '공급'을 담당하는 '기업가'의 중요성을 인식시키는 데도 크게 기여했고 말이야.

더 자세히 알아보자

재화와 서비스

실생활에서는 물건, 상품, 서비스와 같은 말을 자주 쓰지만, 경제학에서는 생산 활동에 의해 만들어지는 모든 상품을 재화와 서비스로 나눈다. 재화란 옷과 운동화, 컴퓨터, 스마트폰처럼 눈으로 보고 만질 수 있는 물건이고, 서비스는 의사의 진료나 미용실의 머리 손질처럼 사람들에게 만족감과 편리함을 주는 기술이나 활동이다.

인구는 정말 폭발할까?

토머스 로버트 맬서스
1766~1834

빗나간 맬서스의 예측

18세기 후반은 인구가 빠르게 증가했던 시기였어. 출산율이 높아졌고, 의학의 발달로 사망률은 낮아졌거든. 노동력을 경제 성장의 엔진이라고 생각했던 사람들은 인구 증가를 반겼어. 영국 정부는 가난한 가구에 주었던 빈민 구제 수당을 가족 수에 따라 늘리는 법을 만들었지. 토머스 맬서스는 이처럼 기술 발전이 가져올 풍요를 꿈꾸었던 시기에 태어났어. 유명한 철학자 데이비드 흄과 장자크 루소가 집으로 찾아와 아기 토머스에게 입맞춤했을 정도로 명망 높은 집안에서 자란 그는 사교적이고 쾌활한 사람이었지.

그렇지만 인구 증가에 대해서는 비관적이었어. 그는 어느 날 아버지와 산책하다가 논쟁을 벌였는데, 인구 증가에 대한 아버지의 낙관적인 전망을 듣고 너무나 화가 났지. 그래서 인구 증가가 미래 사회에 미치는 영향에 대한 논문을 쓰게 되었어. 아버지는 완성된 논문의 수준에 감탄하여 출판을 서둘렀지만, 내용이 너무 충격적이라 저자의 이름은 밝히지 않았지. "인구는 기하급수적으로 증가하고, 식량은 산술급수적으로 증가한다"라는 말이 담긴 《인구론》(1798년)은 이렇게 세상에 나온 거야.

맬서스는 인구가 대략 25년마다 2배로 증가한다고 추정했어.

정부가 적극적으로 인구 증가를 막지 않으면 늘어난 인구로 인해 인류는 멸망할 수밖에 없다고 보았고, 그래서 사람들을 계몽하여 결혼을 늦추거나 출산을 자제하게 하고, 자녀가 많은 가난한 계층에게 주는 복지 혜택을 줄이는 등 출산율을 낮추는 정책이 필요하다고 주장했지. 《인구론》에 대한 반응이 예상보다 크자, 4년 후 맬서스는 자신의 이름을 밝히고 개정판을 출판했어. 개정판의 내용이 덜 불길하고 덜 과격했지만, 악담과 비판이 쏟아졌지.

그의 예측은 결과를 놓고 보면 빗나갔어. 1750년에 8억 명 수준이었던 세계 인구는 1850년에 12억 명으로 늘었고, 1950년에 25억 명이 되었지. 인구가 늘었지만 농업 기술의 혁신으로 식량 생산 역시 엄청나게 증가했어. 그래서 1940년대 아일랜드 대기근을 제외하고는 서유럽에서는 굶주림이 사라졌지.

낮은 출산율, 한국의 가장 큰 걱정거리

인구 폭발을 걱정했던 맬서스 이야기를 하다 보니 1970년대 한국의 상황이 떠오르네. "둘만 낳아 잘 키우자" 또는 "잘 키운 딸 하나 열 아들 안 부럽다"라는 표어를 내세우며 출산율을 낮추기 위해 필사적으로 가족계획 사업을 벌였거든.

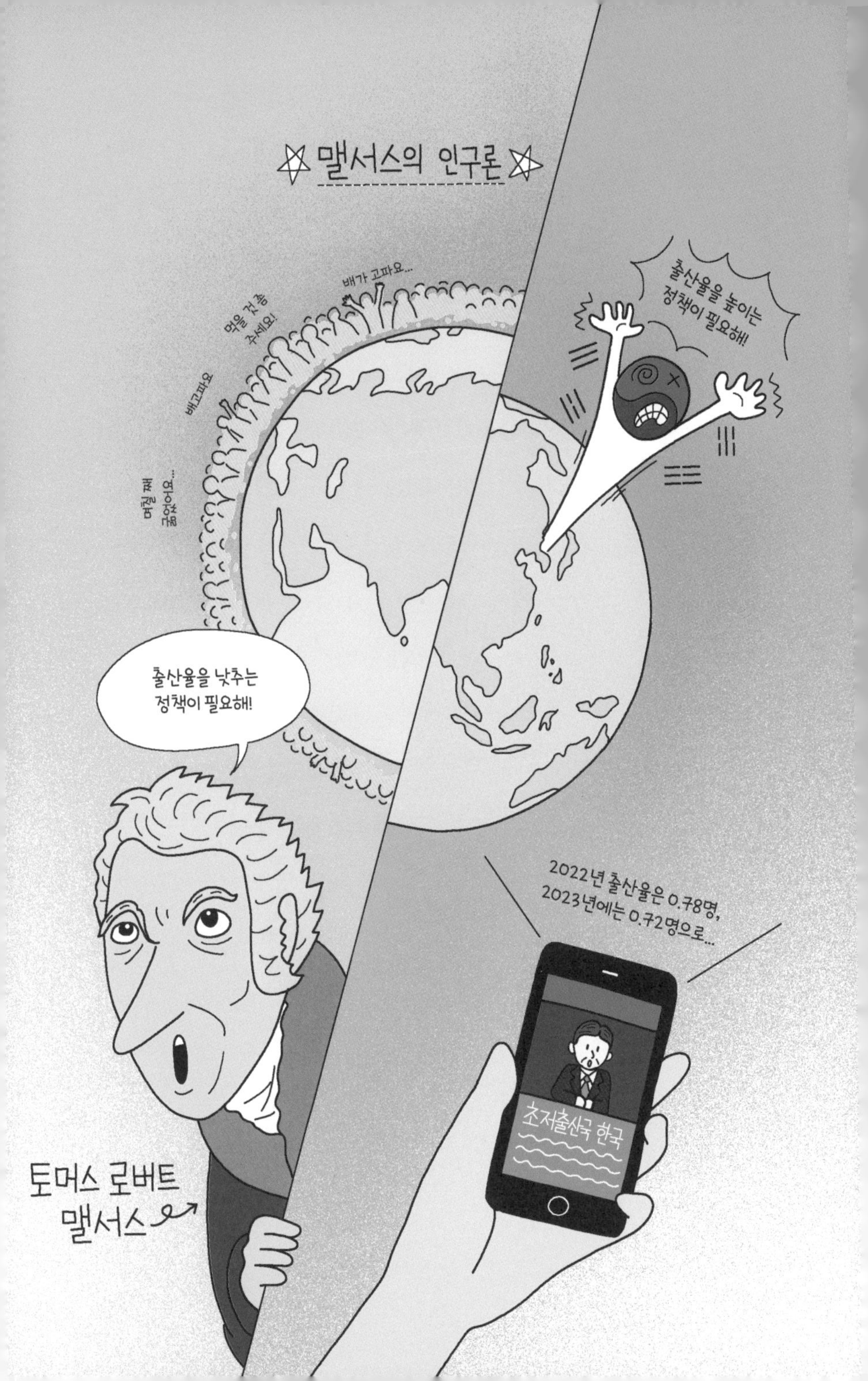
맬서스의 인구론
배가 고파요...
먹을 것 좀 주세요!
배고파요
며칠 째 굶었어요...
출산율을 낮추는 정책이 필요해!
토머스 로버트 맬서스
출산율을 높이는 정책이 필요해!
2022년 출산율은 0.78명, 2023년에는 0.72명으로...
초저출산국 한국

합계출산율이란 여성 1명이 평생 동안 낳을 수 있는 평균 자녀 수를 말해. 1970년대까지 한국의 출산율은 계속 4명 이상이었어. 1983년 인구가 4000만 명이 넘자 "하나씩만 낳아도 삼천리는 초만원"이라는 절박한 표어까지 나왔지. 가족계획 사업의 노력 덕분인지 1983년 출산율은 2.08명으로 낮아졌어.

문제는 이후에도 출산율이 계속 낮아졌다는 거야. 결국 현재 한국의 가장 큰 걱정거리는 낮은 출산율과 인구 고령화가 되어 버렸지. 2005년 출산율은 1.16명까지 떨어져서 한국은 대만, 폴란드, 체코 등과 함께 세계에서 출산율이 가장 낮은 나라가 되었어. 아기를 낳고 기르는 일을 개인 문제가 아닌 사회 문제로 보고 국가 차원에서 출산과 양육에 대한 대책을 마련했지만, 저출산 흐름은 더욱 심각해졌지. 2018년 출산율은 0.98명, 2023년에는 0.72명이었으니, 한숨이 나올 정도야. 1970년대 초반에는 한 해에 태어나는 아기가 100만 명이 넘었는데, 2010년엔 50만 명, 2020년엔 30만 명 이하가 되면서, 2021년엔 드디어 인구 감소 현상이 벌어졌어. 이제 인구 감소가 가장 큰 걱정거리가 된 거야. 출산율을 높이는 제대로 된 정책을 내놓으면 나라를 구하는 게 될 텐데, 한번 연구해 볼 생각 있니?

잠재성장률과 인구 고령화

잠재성장률은 한 나라의 경제가 지니고 있는 모든 생산 요소를 사용해서 물가를 상승시키지 않고 이룰 수 있는 최대 경제성장률 전망치다. 잠재성장이 높아지려면 우수한 노동력이 많아지고, 생산 자원이 풍부해서 투자가 늘어나고, 기술력이 향상되어야 한다.

그런데 2021년 10월 경제협력개발기구(OECD)가 펴낸 재정 전망 보고서에 따르면, 현 상황이 계속되면 2030~2060년 한국의 잠재성장률은 연 0.8%로 예측된다. 이는 OECD 평균(1.1%)보다 낮고, 캐나다와 함께 38개국 중 공동 꼴찌 수준이다. 이렇게 잠재성장률 전망치가 낮은 것은 인구 고령화가 지속되어 장기적으로 일할 사람이 줄어들기 때문이다.

한국은 2000년에 이미 65세 이상 인구가 전체 인구의 7% 이상인 고령화 사회가 되었고, 2017년에는 14%를 넘는 고령 사회가 되었다. 최근 통계청 발표에 따르면 2026년엔 20%를 웃도는 초고령 사회로의 진입이 확실하다.

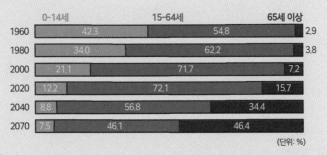

| 주요 연령 계층별 인구 구성비(출처: 통계청) |

자유무역은 모든 나라에 이롭다?

데이비드 리카도
1772~1823

David Ricardo

비교우위를 가진 상품을 수출하라

해외여행을 하다 보면 세계 어느 나라에서나 한국산 냉장고나 TV를 흔히 볼 수 있어. 세계 최고의 기술력으로 생산된 전자제품은 우리의 주요 수출 품목이거든. 그런데 훨씬 만들기 쉬운 선풍기나 전자계산기는 직접 만들지 않고 수입해. 왜일까? 데이비드 리카도의 비교우위론을 알면 이유를 금방 알게 될 거야.

리카도는 1772년 영국 런던에서 태어났어. 상업학교를 졸업한 후 14세부터 런던증권거래소의 중개인이었던 아버지와 함께 증권거래 일을 했지. 경제에 대한 천부적인 안목 덕분에 그는 주식, 채권뿐만 아니라 부동산 투자로도 큰돈을 벌었어. 그리고 20대 중반엔 대기업의 경영자로 변신했지.

대학에 다니지 않았던 리카도가 경제학자가 된 건 27세에 휴양지에서 우연히 읽었던 《국부론》 덕분이야. 이 책을 읽고 관심이 생겨서 경제 공부를 시작했거든. 1809년부터 경제평론가로 활동하다가, 《정치경제학과 과세의 원리》(1817년)를 출간했지. 그의 경제 이론인 비교우위론, 노동가치설, 차액지대론이 담긴 책이야. 이 중 무역을 늘리는 데 기여한 비교우위론에 대해 알아볼까? 그는 비교우위론을 설명하기 위해 세계에는 영국과 포르투갈이라

	옷감	포도주
영국	100시간	120시간
포르투갈	90시간	80시간

| 1단위 생산에 소요되는 노동 시간 |

는 2개 나라만 있고, 이들 나라에서 옷감과 포도주 한 단위를 생산하기 위해 들어가는 노동 시간은 위 표와 같다는 가정을 세웠어.

표를 보면 포르투갈은 옷감과 포도주 모두 영국보다 적은 시간을 들여서 생산할 수 있어. 애덤 스미스의 절대우위론에 따르면 포르투갈은 무역할 필요가 없지. 그런데 포르투갈은 두 재화의 생산에 있어서 절대우위에 있지만, 포도주의 생산에 있어서는 상대적으로 더 큰 우위를 가지고 있어. 영국은 옷감 생산에 있어서 상대적으로 더 큰 우위를 가지고 있고. 이처럼 국제 무역에서 한 나라가 두 상품 모두 절대우위에 있고 상대국은 두 상품 모두 절대열위에 있더라도, 생산의 기회비용을 고려했을 때 상대적인 우위를 지닐 수 있다는 개념을 비교우위라고 해. 리카도는 이러한 경우 포르투갈은 비교우위를 가진 포도주를 더 생산해 수출하고, 옷감은 수입하는 게 무역을 하지 않는 것보다 유리하다고 분석했어. **비교우위론**은 한 나라가 다른 나라에 비해 두 재화 생산에서 모두 절대우위에 있더라도, 더 효율적으로 생산할 수 있는 재화를 생산하고, 그 외 다른 재화는 무역으로 교환하는 게 유리하다는 이론이야.

곡물법을 놓고 맬서스와 논쟁하다

자유무역을 주장했던 리카도는 1815년에 영국에서 곡물의 수출입을 규제하기 위해 제정된 곡물법을 폐지해야 한다고 외쳤어. 곡물법의 주요 내용은 밀 1쿼터(약 12.7㎏) 가격이 80실링보다 내려가면 외국산 밀의 수입을 금지하는 거야. 외국의 값싼 곡물이 들어오는 걸 막아서 국내 농업을 보호한다는 취지였지.

그러나 실상은 당시에 의회를 장악했던 귀족과 지주들이 자신들의 이익을 지키려고 만든 법이었어. 리카도는 곡물법이 영국의 산업 발전을 해친다고 보았지. 밀 가격이 올라서 임금 노동자의 생활비가 오르면 임금 인상 요구가 거세지고, 임금이 오르면 기업의 이윤이 줄어드니까 투자를 꺼리게 되어 경제 성장을 둔화시킨다고 판단했거든.

경제학은 어떤 문제에 대해 답이 하나만 존재하는 학문이 아니라서, 같은 상황을 놓고 경제학자마다 서로 다른 주장을 펼치기도 해. 《인구론》을 쓴 맬서스는 리카도와 아주 친한 친구였지만

☆ 자유무역과 곡물법 논쟁 ☆

곡물법에 대한 의견은 서로 달랐어. 맬서스는 곡물 수입으로 곡물 가격이 하락해 농민들이 농사를 포기하면 식량 공급에 문제가 생길 수 있어 위험하다면서 곡물법을 찬성했거든. 이들이 신문을 통해 펼쳤던 **곡물법 논쟁**은 최초의 경제학 논쟁이라는 평가를 받아.

리카도는 열심히 폐지를 외쳤지만 곡물법은 1846년에야 폐지되었어. 1845년 아일랜드에서 감자 돌림병이 발생해 식량 부족으로 100만 명 이상이 굶어 죽고 난 이후였지. 당시 대중의 지지도가 높고 의석수도 많았던 토리당의 반대가 워낙 심했거든.

더 자세히 알아보자
스위스에서 가장 밀을 저렴하게 생산하는 방법은?

오스트리아 출신인 미국의 경제학자 루트비히 폰 미제스는 "스위스에서 밀을 가장 저렴하게 생산하는 방법은 시계를 만드는 것"이라고 했다. 스위스는 '시계의 나라'라고 할 정도로 시계 생산 기술력이 뛰어나다. 그러니까 스위스는 기술 경쟁력을 가진 시계를 생산해 수출하고, 밀은 이를 대량 생산하는 캐나다에서 수입하는 것이 가장 경제적이라는 의미이다. 각 나라마다 잘하는 품목 생산에 집중하고 자유무역을 통해 교환하는 것이 모든 나라에 이롭다는 것을 표현한 재치 있는 말이다.

정부가 무역을 통제하라고?

프리드리히 리스트
1789~1846

Georg Friedrich List

보호무역정책으로 국내 산업을 키우자!

12월 5일은 무역의 날이야. 우리나라가 세계에서 아홉 번째로 무역 1조 달러 달성한 것을 기념해 제정한 법정 기념일이지. 네덜란드를 제외하고, 먼저 무역 1조 달러를 달성한 나라들이 한국보다 넓은 국토와 많은 인구를 가졌음을 따져 보면 정말 대단한 성과야. 이는 산업 기술력 발전으로 한국산 제품의 국제 경쟁력이 높아졌기 때문에 가능했어. 1995년 WTO(세계무역기구)가 설립되면서 자유무역이 세계적인 흐름으로 자리 잡은 덕분이기도 하고.

1962년 경제개발계획을 시작하고 산업화에 박차를 가했던 시절, 한국의 서점에는 프리드리히 리스트의 저서가 눈에 띄는 곳에 진열되었어. 국가의 경제정책은 경제발전 단계에 따라 달라져야 하고, 국내 산업을 키우려면 보호무역정책을 택하라는 그의 이론을 지지하는 사람들이 많았거든.

보호무역정책은 국내 산업을 보호하기 위해 정부가 무역을 통제하는 정책이야. 수입 상품에 관세를 매기고, 수입품의 수량을 제한하고, 허가 받은 상품이나 별도로 정해진 기준에 맞는 상품만 수입할 수 있게 하는 등 **무역 장벽**을 만드는 거지.

1971년에 10억 달러였던 한국의 수출은 1973년 중화학공업화

무역 장벽

자국의 이익이 먼저지!
독일은 보호무역이 필요해!
프리드리히 리스트
관세
수입 상품에 부과·징수하는
수출 보조금
국내 수출산업에 제공하는 재정적 지원
수입 할당제
정부가 상품의 수량 또는 가격을 정해 수입을 할당하는 제도

정책 추진으로 산업 구조가 바뀌면서 급속하게 늘었어. 1977년엔 100억 달러, 1995년엔 1250억 달러를 돌파할 정도로 말이야. 만약 1970년대에 자유무역의 흐름이 거세졌다면 한국은 산업 기술력을 발전시킬 기회를 갖지 못했을 수도 있어. 그런데 기술 경쟁력을 갖춘 후에 자유무역의 흐름이 거세졌으니 다행이지 뭐야.

다른 나라보다 앞서서 공업화를 이루었던 영국은 애덤 스미스와 데이비드 리카도의 자유무역론을 지지했어. 자유무역을 통해 국가 이익을 키울 수 있으니까. 영국은 1842~46년에 관세법을 개정해 원료에 대한 수입관세를 거의 없애고 공산품의 관세도 크게 낮추었어. 1846년에는 곡물법과 곡물관세를 폐지해 곡물도 자유로이 수입하게 했고. 그러면서 다른 나라에도 무역 자유화를 요구했어. 그러나 리스트는《미국정치경제학 개요》(1827년)를 통해 보호무역을 옹호했고, 독일은 보호무역정책을 실시해야 한다고 역설했지. 영국과 프랑스에 비해 공업화가 늦어진 독일의 국내 산업이 자유무역으로 인해 위협받는 걸 걱정했거든.

경제정책은 경제발전 단계에 따라 달라져야

리스트는 1789년 독일 남서부에 위치했던 뷔르템베르크 공국의 로이틀링겐에서 태어났어. 당시 독일은 수백 개의 작은 도시국가로 이루어져 있었지. 그는 공공기관에서 일하다가 1817년 튀빙겐 대학교의 행정학 교수가 되었어. 뷔르템베르크 의회에서 헌법 개혁에 참여했고, 독일 상공업협회를 조직해 도시국가 사이의 관세 철폐를 주장하는 등 사회 활동에도 적극적이었지. 급진주의적인 활동으로 국외 추방 처벌을 받기도 했어. 1825년에 미국 펜실베이니아로 이주 후엔 잠시 농사를 짓다가 바로 언론인으로 변신했고.

그는 미국 초대 재무장관이었던 알렉산더 해밀턴이 옹호한 보호무역론에 관심을 가졌어. 해밀턴은 1790년과 1791년에 연방 정부의 역할과 정책을 제안하는 보고서를 의회에 제출했지. 주요 내용은 단일 통화(화폐) 사용과 재정 통합으로, 미국의 모든 주가 경제 공동체가 되고 보호무역정책을 통해 국내 산업을 키우자는 것이었어. 우여곡절은 있었지만 의회는 단일 통화 사용과 재정 통합을 받아들였지. 그러나 보호무역정책은 거부했어. 남부 지주들이 농산물을 자유로이 수출하고 값싸고 질 좋은 영국 공산품을 수입하는 걸 포기하지 않았거든. 그러다 결국 영미 전쟁이 끝난 후였던 1816년에야 관심을 보였지.

미국의 경제정책을 관찰한 리스트는 독일도 관세동맹을 맺고 작은 시장들을 모아 하나의 큰 시장을 만든 후 자유로운 거래를 하고, 국내 산업 육성을 위해 보호무역정책을 실시해야 한다고 판단했어. 1834년에 독일의 도시국가들은 관세동맹을 맺고 하나의 시장이 되었는데, 이는 1871년에 독일이 단일 국민국가(독일제국)로 통일되는 밑거름이 되었지.

리스트는 1837년부터 파리에서 언론인으로 활동하며 썼던 글을 모아서 《정치경제학의 국민적 체계》(1841년)를 출간했어. 이 책에서 그는 부유한 국가라도 생산 능력이 소비 규모를 따라가지 못하면 결국 가난한 나라가 되므로, 현재의 부의 규모보다 생산 능력이 중요하다고 했지. 그리고 경제정책은 각 나라의 경제발전 단계에 따라 달라져야 한다고 주장했고. 자유무역은 기술력이 앞선 영국이 다른 나라의 발전을 저지하기 위해 옹호하는 거라고 비판하면서 말이야.

물론 리스트도 세계적으로는 자유무역이 자원 사용의 효율성을 높이는 데 가장 바람직하다는 사실은 인정했어. 하지만 공업화가 뒤진 나라들은 자기 나라의 걸음마 산업(유치산업)이 충분히 성장할 때까지 보호무역정책을 밀고 나가야 한다고 강조했던 거지.

관세동맹

경제적·정치적으로 이해관계가 깊은 나라끼리 협정을 맺고 동맹국 사이의 무역에는 관세를 없애거나 내리고, 동맹국이 아닌 나라와의 무역에는 높은 관세를 적용하는 동맹이다.

역사상 가장 유명한 관세동맹은 1834년 프로이센이 주도하여 독일의 도시국가 사이에 맺어졌던 동맹이다. 이 동맹으로 독일 내에서는 관세가 철폐되었고, 이어서 화폐와 도량형제도가 통일되었으며, 철도망이 발전하였다. 이런 변화를 거쳐 마침내 1871년 독일제국이 탄생했다.

■ 1834년 관세동맹 지역　■ 1866년까지 확장된 지역
■ 1866년 이후 탈퇴한 지역　■ 1828년의 독일 연방

자본주의는 붕괴될 것이다?

카를 마르크스
1818~1883

프리드리히 엥겔스
1820~1895

Karl Heinrich Marx
Friedrich Engels

모든 사회의 역사는 계급투쟁의 역사다 ⑤

산업혁명으로 생산이 효율적으로 이루어지면서 국가 전체의 경제 규모는 커졌지만, 모든 사람의 생활수준이 향상된 건 아니었어. 오히려 새로운 문제들이 생겨났지. 공업이 발전하면서 자본가는 새로운 지배계급이 되었고, 많은 사람은 임금을 받고 일하는 노동자가 되었거든.

생산비용을 줄일수록 이윤은 커지니까 자본가는 임금을 주는 데 몹시 인색했어. 임금을 줄이려고 여성과 어린이를 고용하는 공장도 제법 있었지. 노동자들은 불결하고 위험한 공장에서 낮은 임금을 받고 하루 14시간이 넘게 일했어. 이들의 생활 환경은 아주 비참했는데, 침대 하나를 3~4명이 번갈아 사용하거나, 화장실 하나를 여러 세대가 함께 사용할 정도였지.

비위생적인 주거 환경으로 발생한 전염병은 노동자들을 죽음으로 몰고 갔어. 1830년대 말, 영국 농촌에 살았던 지주계급의 평균 수명은 50세가 넘었지만, 맨체스터나 리버풀 같은 공업 도시의 노동자 평균 수명은 20세 미만이었지.

그러자 소수의 부자와 다수의 가난한 사람을 만들어 내는 경제 환경을 바꾸려는 사람들이 나타났어. 이들은 계몽과 설득을 통해 생산 수단을 공동으로 소유하고 관리하면 자유와 평등 같은 사회 정의를 실현할 수 있다고 보았지. 그러나 카를 마르크스와 프리드리히 엥겔스는 이런 **공상적 사회주의**는 위대한 사상이지만, 절대 이루어질 수 없는 비현실적인 방법이라고 했어. 그러면서 이런 환경을 바꾸려면 적극적인 수단이 필요하다고 주장했지.

마르크스는 1818년 프로이센 트리어라는 곳에서 태어났어. 학창 시절의 정치운동 경력이 문제가 되어 학자의 꿈을 포기하고 1842년에 언론인이 되었지. 그는 정부와 사회 현실을 비판하는 기사를 쓰고, 사회적 약자의 권익을 높이려는 활동을 벌였어. 이로 인해 편집을 맡았던 〈라인신문〉에 대한 탄압과 검열은 심해졌고, 결국 이듬해에 신문은 폐간되고 말지.

파리로 이주했던 마르크스는 거기서 사상의 동반자이자 경제적 후원자가 되는 프리드리히 엥겔스를 만났어. 프로이센 출신이었던 엥겔스는 아버지가 경영했던 영국 맨체스터의 공장에서 일할 때 〈라인신문〉에 영국 노동자의 실상을 폭로하는 글을 기고한 적이 있었거든. 서로 같은 사상을 가진 걸 알게 된 두 사람의 관계는 매우 각별했지. 1845년에 마르크스가 프랑스에서 발간한 잡지의 내용이 문제가 되어 벨기에의 브뤼셀로 망명할 때, 엥겔스도 함께 거처를 옮길 정도로 말이야. 공동으로 저술 활동을 했던 두 사람은 정치 활동에도 함께 뛰어들어. 그들은 1847년에 사회주의자의 비밀 단체였던 '의인동맹'에 들어가서 이를 공개 조직인 '공산주의자 동맹'으로 바꾸었지. 그리고 1848년 2월, 동맹의 조직 강령인《공산당 선언》이라는 작은 책자를 발간해.

역사를 살펴보면 언제나 생산 수단을 소유하고 관리하는 지배계급과 그들을 위해 일하는 피지배계급이 있었어. 농업시대의 지배계급과 피지배계급은 지주와 농민이었는데, 자본주의가 발달하면서 자본가와 노동자로 바뀌었지. 두 계급은 끊임없이 갈등했어. 마르크스와 엥겔스는 계급 사이의 갈등을 없애려면 결국 계급이 없는 사회가 되어야 하고, 이런 사회의 주인공은 노동자여야 한다고 주장했지. 자본주의를 몰락시키고 노동자를 위한 세상을 만드는 과정에서 사회경제적 피해를 최소화하는 유일한 방법은 혁명이므로 사회 변화 수단으로서의 폭력은 불가피하다고 보았고. 그래서 "지금까지의 모든 사회의 역사는 계급투쟁의 역사이다"라고 강조하며, "프롤레타리아가 잃을 것은 쇠사슬뿐이요, 얻을 것은 세계다. 전 세계의 노동자여, 단결하라"고 선언한 거야.

1848년에 프랑스에서 혁명이 일어나자, 마르크스는 쾰른으로 가서 〈신라인신문〉을 만들고 혁명을 알리는 데 앞장섰어. 그러나 혁명이 실패한 후 그는 또 추방령을 받았지.

사회주의의 바이블, 《자본론》?

1949년, 영국으로 이주한 마르크스는 줄곧 런던 대영박물관 독서실을 드나들었어. 수많은 경제학 서적을 읽으며 내용을 정리하고 자신의 분석을 글로 옮겼지. 세상의 잣대로 보면 그는 무책임한 가장이었어. 여섯 자녀 중 세 명이 치료 받지 못하고 세상을 떠났지만, 돈을 벌기 위해 스스로 한 일이라곤 〈뉴욕 데일리 트리뷴〉에 기사를 쓰는 정도였으니까. 생활비가 없으면 엥겔스에게 돈을 보내 달라는 편지를 썼어. 이렇게 엥겔스의 도움을 받으며 그는 자본주의 체제의 지나친 이윤 추구와 빈부 격차, 부당한 노동 착취를 과학적으로 분석하는 연구에 몰두했지. 그 결과물이 《자본론》이야.

《자본론》 총 3권에는 1860년대 초반부터 20년에 걸쳐 집필한 내용이 담겨 있어. 제1권은 1867년에 마르크스가 출판했지만, 제2·3권은 초고 형태로 보관되었다가 그가 사망한 후에 엥겔스가 1885년과 1894년에 각각 출판했지.

정치적 이념과 사회적 분위기 탓에 한국에서는 《자본론》을 읽으면 사상을 의심받았던 시절이 있었어. 그러나 1989년 국내 최초로 《자본론》을 완역한 고(故) 김수행 교수는 "이 책은 사회주의나 공산주의에 관한 책이 아니다"라고 했지. '자본주의가 어떻게 유지되고 발전되는가?'에 관한 연구가 전체의 99.5%를 차지하는 데 반해, '자본주의가 무슨 이유로 새로운 사회로 넘어가는가?'에 대한 언급은 0.5%뿐이라면서 말이야.《자본론》서문에서 "자본주의 사회의 경제적 운동 법칙을 발견하는 것이 이 책의 최종 목적이다"라고 밝혔던 것처럼, 자본주의의 역사적 발전 단계와 현상을 과학적으로 분석해 자본주의 체제의 문제점을 제시하고 논리적으로 비판하는 책이라는 거야.

이제《자본론》의 내용을 알아볼까? 마르크스는 자본주의의 특징을 세 가지로 정리했어. ① 공장과 토지 같은 생산 수단은 사적으로 소유된다. ② 생산물은 상품 형태로 시장에서 거래되는데, 노동력도 하나의 상품처럼 거래된다. ③ 자본가는 수단과 방법을 가리지 않고 더 많은 이윤을 얻고자 한다.

마르크스는 상품가치를 **사용가치**와 **교환가치**로 나누었어. 사용가치는 어떤 재화를 사용하여 얻어지는 효용성이고, 교환가치는 한 상품과 다른 상품의 교환 비율이야. 그리고 교환가치를 화폐가치로 나타낸 것이 가격이지. 그는 상품가치가 생산에 들어간 노동량, 즉 노동 시간에 의해 결정된다고 했어. 자본가는 노동자가 생산한 가치보다 훨씬 적은 임금을 주고 나머지는 자신의 이윤으로 챙긴다고 단언했지. 이것을 **잉여가치**라고 정의했고.

✡《자본론》의 내용 ✡

노동자
(프롤레타리아)

공장
(생산 수단)

자본가
(부르주아)

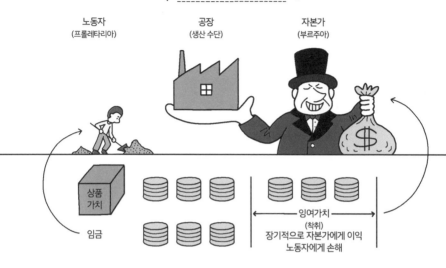

지금까지의 모든 역사는
계급투쟁의 역사다.

카를
마르크스

프리드리히
엥겔스

이런 분석을 토대로 다음과 같은 결론을 내렸어.

첫째, 잉여가치의 원천은 노동이므로 자본가의 이윤은 노동자에 대한 착취다.

둘째, 생산 규모가 커질수록 투자에 대한 이윤율은 낮아지게 되고, 자본주의 경제가 발전할수록 자본가의 이윤은 줄어든다.

셋째, 자본가들이 치열한 경쟁을 벌이게 되면 과잉 생산이 이루어져서 불황을 겪게 되며, 경제는 혼란에 빠진다.

넷째, 소수의 자본가에게 부가 집중돼 빈부 격차가 커지면 노동자의 삶은 더욱 빈곤해진다.

다섯째, 노동자의 빈곤이 심해질수록 계급투쟁은 강화되어, 결국 자본주의는 무너진다.

자본주의를 역사의 한 과정으로 보고 결국 붕괴될 거라고 했던 마르크스의 예측은 빗나갔어. 그런데 2008년에 금융 위기로 자본주의 체제의 모순이 드러나면서, 세계 곳곳에서 《자본론》을 읽는 사람이 늘어났대. 왜 그랬을까? 아마도 마르크스의 경제 이론이 완전히 옳지는 않아도, 이것을 통해 현대 경제 체제의 모순을 해결할 열쇠를 찾고 싶어서가 아니었을까?

마르크스의 사상과 러시아혁명

러시아에서는 자본주의의 문제점을 이어받지 않으려면 촌락 공동체를 만들어 평등한 사회를 건설해야 한다는 움직임이 일어났다. 그래서 농민을 계몽하여 사회를 변화시키려는 인민주의운동을 벌였다. 그런데 별 성과가 없자, 사람들은 사회주의 사상으로 눈을 돌렸다. 레닌이 이끄는 극좌파 성향의 볼셰비키당은 군대의 지원을 받아 1917년 10월 러시아혁명을 통해 소비에트 사회주의 공화국연방(소련)을 탄생시켰다. 소련 정부는 생산 수단을 공동으로 소유하고 관리할 목적으로 집단농장화 정책을 실시했다. 결과는 실패였다. 그러나 철강업을 포함한 중공업과 군수공업은 성공적인 성장을 거두었다.

1929~1940년까지 소련 경제가 빠른 속도로 성장했다. 1930년대에 대공황으로 자본주의 국가들은 심각한 불황에 시달렸지만, 소련은 대공황의 영향을 받지 않았고, 높은 경제 성장률을 기록하여 1938년에는 세계 2위의 경제 대국이 되었다. 그러나 사유재산제도와 인간의 자율성을 무시한 체제에 불만이 커지면서 1970년대부터 소련의 경제는 침체되기 시작했다.

| 1932년에 완공된 드니프로 수력발전소는 소련 경제력의 상징이었다.
(출처: 위키미디어커먼즈) |

2장

경제,
흐름 정도는
파악해야지

★ 시장 가격과 거래량은 어떻게 정해질까?
— 앨프리드 마셜

★ 왜 물보다 다이아몬드가 비쌀까?
— 헤르만 하인리히 고센

★ 경제를 수학으로 분석한다고?
— 레옹 발라

★ 왜 비쌀수록 잘 팔릴까?
— 소스타인 베블런

★ 환율은 어떻게 결정될까?
— 구스타브 카셀

★ 돈을 많이 찍으면 물가가 춤춘다?
— 어빙 피셔

시장 가격과 거래량은 어떻게 정해질까?

앨프리드 마셜

1842~1924

Alfred Marshall

수요와 공급: 균형 가격의 결정

수요와 공급, 가격의 결정과 변동을 이해하는 건 복잡한 경제 현상을 분석하고 흐름을 읽는 첫걸음이야. 앨프리드 마셜은 가위의 한쪽 날만으로 종이를 자를 수 없듯이 시장에서 가격은 소비자의 효용으로만 결정되지 않는다고 판단했어. 공급자의 생산비용도 가격을 결정하는 요인이라고 본 거지.

그는 《경제학 원리》(1890년)에서 그래프를 통해 시장 가격과 균형 거래량은 수요곡선과 공급곡선이 만나는 곳에서 결정된다는 걸 보여 주었어. 이 그래프에는 소비자 잉여, 생산자 잉여, 생산자 비용 등에 대해서도 나와 있는데, 먼저 수요와 공급, 시장 가격과 균형 거래량에 대해서 알아보자. 균형이란 서로 조절되어 조화가 이뤄진 상태를 말해. 경제에서는 수요와 공급이 일치되는 상태를 균형이라고 하지. 우선 이해하기 쉽도록 그래프를 그려 볼게.

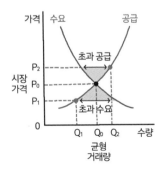

수요는 돈을 주고 재화나 서비스를 사는 것이고, **수요량**은 특정한 가격에 소비자가 사고자 하는 양이야. 보통 가격이 올라가면 덜 사게 되니까 수요량은 줄어들어. 가격이 내려가면 더 사니까 수요량은 늘어나고. 그래서 가격과 수요량의 관계를 나타낸 **수요곡선**은 오른쪽으로 갈수록 내려가는 모양이지.

공급은 돈을 받고 재화나 서비스를 파는 것이고, **공급량**은 특정한 가격에 공급자가 판다고 하는 양이야. 보통 가격이 올라가면 공급량이 늘어나고, 가격이 내려가면 공급량은 줄어들어. 그러니까 가격과 공급량의 관계를 나타낸 **공급곡선**은 오른쪽으로 갈수록 올라가는 모양이지.

그렇다면 시장 가격은 어떻게 결정될까? 특정한 가격에서 수요량보다 공급량이 적으면, 즉 **초과 수요**가 있으면 가격은 올라가. 반대로 수요량이 공급량보다 적으면, 즉 **초과 공급**이 있으면 가격은 내려가지. 결과적으로 시장 가격은 수요량과 공급량이 일치하는 지점에서 결정돼. 수요곡선과 공급곡선을 합쳐 놓았을 때 서로 만나는 지점의 가격이 **시장 가격**이 되는 거야. 이를 **균형 가격**이라고도 하고, 이때의 거래량을 **균형 거래량**이라고 해.

수요·공급의 법칙은 경제학적으로 완벽한 이론이야. 하지만 실제 시장에서는 재화와 서비스의 수요와 공급이 일치하는 점에서 반드시 가격이 결정되지는 않아. 이 법칙은 독점이나 과점이 없는 **완전경쟁시장**에서만 온전하게 적용될 수 있는데, 세상의 시장은 대부분 완전경쟁시장이 아니거든. 그래서 실제 가격이 언제나 경제학에서 정의하는 시장 가격이 될 수 없는 거지.

그런데 마셜이 모든 형태의 시장에 적용되는 법칙을 찾아내고자 했다면, 수요·공급의 법칙을 밝혀낼 수 있었을까? 마셜은 복잡한 문제일수록 잘게 쪼개서 한 단계, 한 단계씩 차근차근 분석해야 한다고 판단했어. 범위를 좁힐수록 경제 현상을 쉽고 명확하게 분석할 수 있으니까. 그는 '세테리스 파리부스(Ceteris Paribus)' 즉 '다른 모든 조건이 동일하다면'이라고 가정하고 분석을 시도했어. 마셜이 처음 택했던 이 연구 방식은 오늘날엔 경제학뿐만 아니라 다른 사회과학 분야를 연구할 때도 활용되고 있지.

냉철한 이성과 따뜻한 가슴

앨프리드 마셜은 '근대경제학의 창시자'로 불려. 과학적인 방법을 통해 경제를 움직이는 보편적인 법칙을 찾는 연구를 시도한 학자였기 때문이지. 그는 케임브리지대학교에서 세계 최초로 경제학과를 만들었을 뿐만 아니라 케인스를 비롯한 수많은 경제학자를 길러냈어. 영국 경제학자 사전에 이름을 올린 사람들이 대부분 그의 제자야. 이들이 영국뿐 아니라 세계 경제학계를 이끌었지.

마셜은 옥스퍼드대학교에서 라틴어와 신학을 공부해 성직자가 되라는 아버지의 권유를 거절하고 케임브리지대학교에서 수학과 철학, 물리학 등을 공부했어. 방학 땐 도시의 빈민가에서 가난한 사람들을 만나면서 이런 의문을 가졌지. '영국은 세계에서 가장 부강한 나라인데, 사람들은 왜 이렇게 가난한 걸까?' 그는 이들의 가난을 해결하고 싶어서 경제학 연구에 몰두했어.

마셜은 케임브리지대학교 정치경제학 교수 취임식에서 이렇게 연설을 마무리했지. "경제학자는 냉철한 이성을 가져야 한다. 그러나 따뜻한 가슴을 잊지 말아야 한다." 경제학자는 과학적인 사고를 하며 냉철하게 경제 문제를 분석하고 판단해야 하지만, 사람에 대한 사랑을 지녀야 모두가 잘사는 세상을 만드는 데 기여할 수 있다는 말이야. 마셜은 항상 학생들에게 경제학은 사람들의 경제적 복지를 향상시키는 데 도움을 주어야 한다고 강조했어. "런던의 빈민가에 가 보지 않은 사람은 내 연구실에 들어오지 말라"고 할 정도였지.

경제학이 철학의 한 분야였을 때, 경제학자들은 생산을 중시해 공급 중심으로 경제를 분석했어. 반면에 마셜이 길을 열었던 근대

경제학은 희소한 자원을 어떻게 하면 효율적으로 배분해 소비자의 만족을 가장 크게 할 수 있는지를 주로 다루지.

애덤 스미스가 10년 걸려서《국부론》을 집필했다고 했었지? 마셜도《경제학 원리》를 10년에 걸쳐서 썼어. 애덤 스미스는 책을 쓰는 일에만 몰두했고, 마셜은 교수로 재직하면서 책을 썼다는 차

시장 가격과 균형 거래량

y
D
S'
A
Q
F
S
P
D'
x
0
M
H
앨프리드 마셜
경제학자는
냉철한 이성과 따뜻한 가슴을
잊지 말아야 한다.

이는 있지. 총 6권의《경제학 원리》는 경제학의 정의와 방법론, 주요한 개념 풀이, 수요·공급의 법칙을 비롯한 미시경제학의 주요한 경제 이론을 모두 다루고 있어. 마셜은 지속적으로 내용을 보충하며 개정판을 냈지. 1907년에 제5판을 발간한 후, 1908년부터는 교수직을 스스로 그만두고 집필에만 몰두했어. 책에 대한 열정이 정말 대단하지? 1920년에《경제학 원리》는 제8판까지 발간됐어. 마셜이 세상을 떠난 이후에도 이 책은 계속 읽히면서 거의 반세기 동안 경제학의 바이블이 되었지.

마셜은 모든 사람이 잘사는 행복한 세상을 만들기 위해 경제학을 연구하고 가르쳤던 경제학자야. 그는 "부자의 1실링과 가난한 사람의 1실링은 같지 않다"고 했지. 당시 1실링은 현재 우리 돈의 가치로 1만 원이 조금 넘어. 부자에게는 있으나 마나 한 금액이지만 가난한 사람에겐 하루 끼니를 해결할 수 있는 가치의 돈이야. 그는 부유한 사람들이 공공복지에 강한 관심을 갖게 된다면, 그들의 재력을 가난한 사람들을 위해 활용할 수 있고 빈곤을 없애는 데 공헌할 수 있다고도 했단다.

수요량의 변동 vs 수요의 변동

수요량의 변동은 수요곡선은 변하지 않고 가격이 변하여 같은 수요곡선 상에서 움직임이 일어난 것이다. 그런데 가격이 아닌 다른 요인으로 인해 상품이 더 잘 팔리거나 갑자기 팔리지 않는 일도 생긴다. 이처럼 가격이 아닌 다른 요인으로 인해 거래량이 달라지면 '수요가 변했다'고 한다.

수요가 변하면 수요곡선이 이동한다. 수요가 변하는 요인으로는 소득, 취향의 변화, 대체재 또는 보완재의 가격, 소비자의 기대나 예상의 변화, 전체 소비자의 수 등을 들 수 있다.

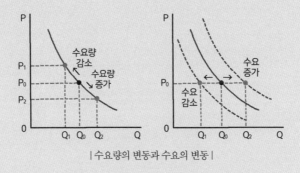

| 수요량의 변동과 수요의 변동 |

● 《시장과 가격 쫌 아는 10대》, 석혜원, 풀빛, 2019, 75~79쪽 참조.

공급량의 변동 VS 공급의 변동

공급량의 변동은 공급곡선은 변하지 않고 가격이 변하여 같은 공급곡선 상에서 움직임이 일어난 것이다. 수요와 마찬가지로 공급도 가격이 아닌 다른 요인으로 인해 늘거나 줄기도 한다. 이를 공급의 변동이라고 하는데, 공급이 변하면 공급 곡선은 이동한다.

공급이 변하는 요인으로는 생산비용, 생산 기술, 대체재 또는 보완재의 가격, 전체 공급자의 수 등을 들 수 있다.

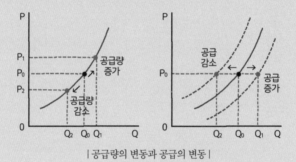

| 공급량의 변동과 공급의 변동 |

●《시장과 가격 좀 아는 10대》, 석혜원, 풀빛, 2019, 90~91쪽 참조.

왜 물보다 다이아몬드가 비쌀까?

·헤르만 하인리히 고센·
1810~1858

Hermann Heinrich Gossen

사용가치와 교환가치는 다르다 $

앨프리드 마셜보다 '한계효용 이론'을 밝힌 다른 경제학자를 먼저 소개할까 고민했었어. 왜냐하면 마셜의 《경제학 원리》에 담긴 내용 중의 일부는 한계효용 이론처럼 다른 경제학자들이 먼저 밝혀낸 이론을 정리한 것이거든. 그러나 근대경제학을 다루면서 다른 경제학자를 먼저 소개하는 건 아니라고 생각해서 앨프리드 마셜을 먼저 소개한 거야.

한계효용 이론은 애덤 스미스가 풀지 못했던 문제를 해결해 주었어. 애덤 스미스의 이론으로는 우리에게 꼭 필요한 물보다 없어도 그만인 다이아몬드의 가격이 훨씬 비싼 것을 이해할 수 없었거든. 물의 사용가치는 다이아몬드에 비해 아주 높은데, 교환가치가 훨씬 낮은 건 모순이라고 보았지.

우아, 그런데 너는 이 문제의 답을 안다고? "물은 필요한 만큼 누구나 쓸 수 있을 정도로 양이 많으니까 **희소성**이 적고, 다이아몬드는 가지고 싶어 하는 사람은 많은데 양은 아주 적으니까 희소성이 크다. 희소성이 클수록 물건 가격은 비싸니까 다이아몬드는 물보다 훨씬 비싸다"라고 대답한다면, 반은 맞고 반은 틀렸어. "상품 가격은 사용가치가 아닌 교환가치에 의해 결정된다"와 함께 "교

66

환가치는 **한계효용**에 따라 결정된다"까지 말해야 완벽한 답이지.

한계효용 이론을 가장 먼저 밝힌 사람은 프로이센의 경제학자 헤르만 하인리히 고센이야. 그는 본대학교와 베를린대학교에서 법률을 공부한 후 정부 관료로 일했어. 하지만 학문에 대한 애착이 강해서 관료 일에 흥미를 느끼지 못해 그만두고 경제학을 연구했지.《인간의 교환거래 법칙과 인간 행위의 규칙》(1854년)에는 다음의 내용이 실려 있어.

첫째, 소비하는 재화의 양이 늘어날수록 한계효용은 점점 줄어든다.

둘째, 일정한 예산으로 여러 재화를 산다면, 각 재화의 한계효용이 같을 때 소비자의 총효용은 가장 커진다.

셋째, 수요가 공급을 초과하는 재화는 경제적 가치를 가진다.

근대경제학의 기초가 된 한계효용 이론

한계효용이란 재화를 사용하면서 느끼는 단순한 사용가치가 아니라 재화를 추가로 소비함으로써 얻어지는 효용이야. 총효용은 재화의 소비를 통해 소비자가 얻는 전체 효용의 합계이고. 소비량이 늘면 한계효용은 감소해. 그렇지만 한계효용이 0이 될 때까지는 전체 소비로부터 얻어지는 총효용은 증가하지.

알쏭달쏭하니? 예를 들어 설명할게. 좋아하는 키위를 먹는다고 상상해 보자. 처음 1개를 먹으면 정말 꿀맛이지? 그런데 2개, 3개, 4개… 계속해서 먹으면 먹을수록 키위 1개가 주는 만족감은 점점 줄어들어. 소비하는 재화의 양이 늘면 한계효용이 점점 줄기 때문이야. 이를 **한계효용체감의 법칙**이라고 해.

이번에는 5000원으로 스티커와 볼펜을 사는데, 둘 다 1개에 1000원이고, 얻어지는 효용은 다음과 같다고 하자.

	스티커					볼펜				
	1개	2개	3개	4개	5개	1개	2개	3개	4개	5개
한계효용	10	8	6	4	2	10	6	2	0	0
총효용	10	18	24	28	30	10	16	18	18	18

어떻게 사야 가장 만족감이 높을까? 스티커 3개와 볼펜 2개를 산다! 맞아. 이렇게 선택하면 총효용이 24+16=40으로 가장 큰 만족감을 얻게 돼. 이 경우 두 재화의 한계효용은 6으로 서로 같아. 주어진 돈으로 여러 재화를 사는 경우, 소비자의 총효용은 각 재화의 한계효용이 같을 때 가장 커. 이를 **한계효용균등의 법칙**이라고 해.

☆ 고센의 세 가지 법칙 ☆

제1법칙
(한계효용체감의 법칙)

제2법칙
(한계효용균등의 법칙)

완전 만족!

한계효용 6

한계효용 6

제3법칙
(희소성의 법칙)

OO마트

깨끗한 물이
귀해져서 이제
돈을 주고 사야 해.

헤르만
하인리히
고센

고센의 법칙이라고
들어 봤니?

네가 알고 있듯이 수요가 공급보다 많아서 원하는 만큼 가질 수 없는 자원은 희소성이 있어. 이런 자원은 공짜로 얻는 게 아니라 돈을 주고 사야 하지. 이처럼 희소성이 있는 재화는 경제적 가치를 가진다는 걸 **희소성의 법칙**이라고 해.

고센은 이 법칙들을 찾아내고서 코페르니쿠스가 천문학에서 이룬 만큼의 업적을 자신이 경제학에서 이루었다고 좋아했대. (지구가 태양을 돈다는 지동설을 발견한 만큼의 대단한 업적이라는 의미지.) 하지만 당시엔 이 설명이 너무 어려워서 한계효용 이론을 이해하고 관심을 보이는 사람이 없었어. 심지어 경제학자들조차도 말이야.

세월이 흐른 후, 1871년에 오스트리아의 카를 멩거와 영국의 윌리엄 스탠리 제번스가 다시 한계효용 이론을 발표했어. 1874년에는 프랑스 출신의 스위스 로잔대학교의 교수였던 레옹 발라도 같은 이론을 발표했고. 학자들의 교류가 활발하지 않았던 시절이라 따로따로 연구가 이루어졌던 거야.

그러다 1878년에 제번스가 지인을 통해 뒤늦게 고센의 책을 발견하게 되면서 고센의 업적이 세상에 알려졌어. 제번스는 "경제 이론에 관한 고센의 접근 방법은 나의 연구에 비해 훨씬 더 일반적이고 완전하다"며 극찬했지. 덕분에 고센이 밝혀낸 한계효용체감의 법칙, 한계효용균등의 법칙, 희소성의 법칙은 고센의 제1법칙, 제2법칙, 제3법칙으로도 불리게 되었어. 근대경제학의 기초가 되었던 한계효용 이론은 경제학 발전에 큰 공헌을 했지. 한계효용 이론이 일으킨 경제학 연구의 대변혁을 한계혁명이라고 부를 정도로 말이야.

자원의 희소성

생활에 필요한 재화, 돈, 시간 같은 자원은 제한되어 있다. 이처럼 사람들이 가지고 싶어 하는 자원의 양에 비해 실제 존재하는 양이 부족한 것을 경제학에서는 희소성이라고 한다. 존재하는 재화의 양이 아주 많아도 부족함을 느끼면, 즉 수요가 공급보다 많으면 희소성이 있고, 존재하는 양이 적어도 사람들이 필요로 하지 않으면 희소성이 없다.

재화는 희소성의 유무에 따라 자유재와 경제재로 나눈다. 살아가는 데 꼭 필요하지만 희소성이 거의 없어 돈을 지불하지 않아도 누릴 수 있는 햇빛이나 공기는 자유재이다. 경제재는 그 양이 한정돼 있어 (희소성이 있어) 돈을 지불해야 하는 대부분의 재화는 경제재이다. 생활 환경의 변화에 따라 물처럼 자유재였다가 생수를 사 먹는 문화가 생겨나면서 경제재로 바뀐 재화도 있다.

경제를 수학으로 분석한다고?

레옹 발라

1834~1910

Leon Walras

보이지 않는 손을 보이는 손으로

수요와 공급이 만나는 지점에서 가격이 결정되어 시장 균형을 이루는 그래프를 다시 살펴보자(57쪽). 소비자의 효용인 소비자 잉여와 기업의 이윤인 생산자 잉여의 합은 시장이 균형을 이룰 때 가장 커. 이는 시장이 균형을 이룰 때 자원이 가장 효율적으로 배분되었다는 뜻이야. 그런데 애덤 스미스의 말처럼 시장에서 '보이지 않는 손'이 작용하여 경제적 조화가 이루어지려면 특정 시장 하나가 아니라 수많은 모든 시장이 동시에 균형을 이루어야 해. 과연 이런 일이 가능할까?

한계효용 이론을 발표한 경제학자 중의 한 사람인 레옹 발라는 경제 전체의 움직임을 여러 방정식으로 나타내며 이를 밝혀 보려고 했어. 발라는《순수경제학 요론》(1874년)에서 다음과 같은 수학 공식을 소개했지.

$$\sum_{j=1}^{J} p_j Z_j = \sum_{j=1}^{J} p_j (D_j - S_j) = 0.$$

P: 가격(price), D: 수요량(demand), S: 공급량(supply), Z: 초과 수요(excess demand)

외계인이 쓴 글씨처럼 보여? 그럼 이렇게 바꿔 볼게.

$$Mi = Pi \, (\, Di - Si \,)$$

$$M_1 + M_2 + M_3 + \cdots + M_n = 0$$

P: 가격(price), D: 수요량(demand), S: 공급량(supply), M: 시장(market)

그래도 뭔지 모르겠니? 공식은 몰라도 돼. 왜 이런 공식을 만들었는지 알려 주려고 보여 준 거니까. 이 공식은 "모든 시장에서 상품의 수요와 공급이 일치해 가격이 더 이상 움직이지 않는다면 경제 전체가 균형을 이룬다"는 걸 나타낸 거야. 애덤 스미스가 말했던 '보이지 않는 손'을 발라는 수학적으로 증명해 '보이는 손'으로 만든 거지.

많은 경제학자가 경제 이론과 모형을 만들기 위한 방법으로 수학을 활용해. 수학자만큼이나 수학에 뛰어난 경제학자들은 경제에 영향을 끼치는 요인을 정리해서 세운 가정을 바탕으로 수학 공식을 만들지. 이 수학 공식이 증명되면 그 가정을 경제 이론으로 발전시키는 거야.

아, 이 이야기는 꼭 해야지! 레옹 발라는 수학적 방식으로 경제를 분석했던 선구자였지만 학창 시절엔 수학에 뛰어난 학생이 아니었대. 파리의 명문 대학 입학 시험에서 수학 과목이 낙제여서 떨어질 정도였다나. 그러니 지금 수학을 잘 못한다고 기죽을 필요가 없다는 말이지.

1834년에 프랑스의 노르망디에서 태어난 레옹 발라는 학업을 마친 후 소설가, 은행원, 기자, 철도 사무원으로 일했어. 여러 일을 하면서 마음을 잡지 못하는 아들에게 경제에 관심이 컸던 그의 아버지가 경제학 공부를 권했대. 아버지의 권유를 받고 혼자 수학과 경제학을 공부했고, 당시로서는 늦은 나이였던 36세에 스위스 로잔대학교의 정치경제학 교수가 되었어. 아직 나의 재능이나 적성을 파악하지 못했다고 초조해 하거나 답답해 할 필요 없어. 발라처럼 뒤늦게 자신의 재능과 적성을 찾는 사람도 있으니 말이야.

소비자잉여와 생산자잉여

소비자잉여란 소비자가 높은 값을 치르더라도 사려고 하는 상품을 그보다 저렴하게 샀을 때 느끼는 만족감으로, 어떤 상품에 대해 소비자가 생각하는 수요 가격에서 실제 시장 가격을 뺀 금액이다. 예를 들어 소비자는 어떤 가방을 5만 원까지 지불할 용의가 있는데 3만 원을 주고 샀다면 2만 원에 해당하는 소비자잉여가 생긴다.

생산자잉여는 생산자가 소비자에게 실제로 받은 가격에서 생산자 비용을 빼고 실제로 얻는 이득이다. 여러 생산자가 같은 물건을 만들어 낼 때 가장 높은 생산 비용을 기준으로 시장 가격이 정해지므로 상대적으로 생산비용이 낮은 생산자는 생산자잉여를 얻게 된다.

생산자잉여와 소비자잉여의 합은 수요와 공급이 만나는 지점의 가격으로 거래가 이루어질 때, 즉 시장이 균형을 이룰 때 가장 크다.

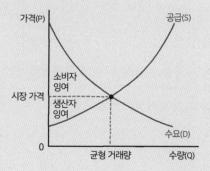

2장 경제, 흐름 정도는 파악해야지

왜
비쌀수록
잘 팔릴까?

소스타인 베블런

1857~1929

Thorstein Bunde Veblen

명품의 가격이 계속 오르는 이유

특별히 좋아하는 유명 브랜드가 있니? 당연한 걸 왜 물어보냐고?

가격이 당황할 정도로 너무 비싸서 선뜻 살 수 없어 속상했다고?

베블런 효과를 알면 유명 상표가 붙으면 왜 가격이 비싼지 저절로

알게 될 거야.

'필요'가 아니라 남들이 알아주는 상품을 가진 걸 자랑하는, 즉 '자

기 과시'를 앞세우는 소비를 과시적 소비라고 해. 이런 소비 형태

가 나타난 건 19세기 말부터야. 산업혁명으로 기계를 이용해 생산

하면서부터 의류나 장식품 등 소비재 상품의 대량 생산이 가능해

졌어. 이런 생산 혁명은 유통 혁명을 통해 소비 혁명으로 이어졌

지. 유통 혁명과 소비 혁명은 19세기 중반 이후 유럽과 미국에 속

속 등장했던 백화점이 주도했고.

당시 백화점은 최상위 계층이 아니라 중산층과 소득 수준이 높

은 임금 노동자를 겨냥해 판매 전략을 세웠어. 당시 최상위 계층

의 사람들은 고객을 특별 관리하는 전문 상점을 이용했거든. 백화

점은 유행에 민감한 신상품을 광고하면서 중산층과 고소득 임금

노동자의 소비를 부추겼어. 모자를 쓰고 비싼 속옷을 입는 등 상

류층의 소비를 따라하면 사회적인 지위가 올라간다고 착각하게

만들어 주었지. 이런 판매 전략이 효과를 발휘하자 소비가 늘었어. 그러면서 무엇을 가졌는지로 사람을 판단하는 경향이 생겨났지. 점점 상류층이 아닌 보통 사람들도 남에게 보여 주기 위한 과시적인 소비를 하게 된 거야.

수요의 법칙에 따르면 가격이 오르면 수요량은 줄고, 가격이 내리면 수요량이 늘어나잖아. 그런데 과시적인 소비가 일어나면 비쌀수록 더 잘 팔리는 현상이 생겨. 이를 **베블런 효과**라고 해. 유명 상표의 물건이 비싼 이유는 기업이 베블런 효과를 염두에 두고 가격을 높게 매기기 때문이야.

돈 자랑을 위한 과시적인 소비를 조롱하다

소스타인 베블런은 합리적인 가격으로 최대의 만족을 주는 상품이 아니라 남들이 알아주는 상품을 사서 자랑하고 싶은 심리를 밝혀낸 경제학자야.

베블런은 1857년에 노르웨이에서 미국으로 이주한 집안에서 태어났어. 1884년에 예일대학교에서 철학박사 학위를 받은 후 철학 교수가 되고 싶었지만 7년이나 일자리를 얻지 못했지. 가족 농장에서 독서만 하며 지내다가 1891년에 경제학을 공부하려고 코

넬대학교 대학원에 진학했어. 이듬해 지도교수였던 제임스 로런스 로플린이 새로 설립된 시카고대학교로 자리를 옮길 때, 그도 특별 연구원으로 함께 가게 되었지. 베블런은 로플린 교수가 발간을 주도한 〈정치경제학 저널〉의 편집자로 일하면서 논문을 제법 발표했지만 별로 관심을 끌진 못했어. 그러다 유한계급의 행태를 조롱하며 썼던 책 한 권으로 갑자기 주목받는 학자가 되었지.

19세기 후반 미국에서는 기업을 독과점 형태로 경영하면서 돈을 벌기 위해 수단과 방법을 가리지 않는 일이 공공연하게 벌어졌어. 이들을 가리켜 '강도 귀족(Robber Barons)'이라고 부르는 말이 생겨날 정도였지. 이들은 유럽 귀족을 흉내 내서 으리으리한 집을 짓고, 비싼 그림과 골동품으로 치장했어. 그리고 부자라는 걸 뽐내려고 수시로 집으로 손님을 초대해 파티를 열었지. 이민 2세로 미국의 자본주의 문화를 껄끄럽게 여겼던 베블런의 눈에는 꼴불견 같은 행동이었어.

그의 《유한계급론》(1899년)은 당시 미국 사회에 영향력이 컸던 기업가와 부유층을 관찰한 내용과 분석을 담은 책이야. 유한계급이란 재산이 많아서 생활의 여유가 있고 여가를 즐기는 사람들을 뜻해. 이들은 상품 가격에 구애받지 않고 소비할 만큼 돈이 많았어. 돈 자랑을 위한 과시적인 소비와 여가 활동을 즐겼고. 그들은

2장 경제, 흐름 정도는 파악해야지

☆ 베블런 효과 ☆

과시하고 싶어서 비쌀수록 더 사는 거지.

소스타인 베블런

| 1852년 세계 최초로 문을 연 파리 르 봉 마르셰 백화점 내부 그림(출처: 위키미디어커먼즈) |

돈으로 자신을 드러내고 싶은 속물근성 때문에 값이 비쌀수록 더 사는 비정상적인 소비를 하곤 했어. 베블런은 일반 사람들이 유한 계급의 과시적인 소비와 여가 활동을 부러워하면서 그들처럼 하

려는 행태에도 주목했지.

베블런이 조롱했거나 말거나, 자신을 드러내고 싶어서 과시적인 소비를 하는 사람들은 오늘도 열심히 달려가. 어디로? 명품 가게로! 그리고 백화점으로! 설마, 이 책을 읽고 있는 너도 그런 사람을 부러워하는 건 아니지?

더 자세히 알아보자
독과점

과점 시장은 한 상품을 소수의 기업이 생산하여 공급하기 때문에 이들이 가격을 결정하는 시장이다. 과점 시장에서는 생산자의 숫자가 적으니까 서로 짜고 공급량을 조절하고 가격을 올리는 일이 벌어진다. 이런 가격 담합이 이루어지면 생산자의 이윤은 커지고, 소비자는 피해를 입는다. 그래서 정부에서는 공정거래위원회를 통해서 가격 담합이 이루어지지 않도록 시장을 감시한다.

독점 시장은 생산자가 한 기업뿐이다. 독점 기업이 마음대로 가격을 정할 수 있어서 생산자의 이윤을 극대화하는 쪽으로 가격이 정해진다. 독점이 허용되었던 19세기 후반 미국의 독점 기업들은 가격을 마음대로 정하여 엄청난 돈을 벌었다. 독점 기업이 매기는 높은 가격에 대한 불만이 높아지자 미국 정부는 1890년에 셔먼법, 1914년에는 클레이턴법과 연방거래위원회법을 제정하여 독점을 금지하였다.

환율은 어떻게 결정될까?

구스타브 카셀

1866~1945

매일매일 돈의 가치가 달라지다니!

환율이 오르면 물가가 불안해질 거라는 말을 들어봤니? 왜 그런 전망을 할까? 이것을 이해하려면 우선 환율과 화폐의 가치를 알아야 해.

환율은 한 나라의 화폐와 외국 화폐와의 교환 비율이야. 국제거래가 엄청나게 늘어난 오늘날엔 환율이 국가 경제와 개인 생활에 큰 영향을 끼치지. 환율에 따라 돈의 가치가 오르내리니까. 화폐 종류가 다양하다 보니 환율의 종류 역시 아주 다양해. 원화와 미국 달러화를 바꾸는 비율, 원화와 유로화를 바꾸는 비율, 유로화와 미국 달러화를 바꾸는 비율 등 매우 많지.

그런데 보통 환율이라고 하면, 원화를 미국 달러화로 바꾸는 환율을 말해. 환율이 1200원이면 미국 돈 1달러로 바꾸는 데 원화 1200원이 필요하다는 의미인데, 이는 1200원을 주고 미국 돈 1달러를 사는 것과 마찬가지야. 그러니까 환율이란 사려는 외국 돈의 가치를 지불하는 돈의 가치로 나타낸 가격이라고 할 수 있지.

환율제도는 고정환율제와 변동환율제로 나누어져. **고정환율제**는 정부가 일방적으로 정한 환율을 일정 기간 유지하는 제도야. **변동환율제**는 외환시장의 수요와 공급에 따라 환율이 수시로 바뀌는 제도이고. 외환시장은 서로 다른 통화의 거래가 이루어지는 모든 시장을 뜻하지만, 경제 뉴스에서 외환시장이라고 할 땐 금융기관들 사이의 외환 거래가 이루어지는 시장을 말해. 한국에서는 고정환율제가 실시되다가 1990년 3월부터 변동환율제가 도입되었어. 변동환율제 초기에는 외환시장에서 환율이 정해지더라도 정부가 하루 환율 변동 폭을 제한했던 거지. 그러다가 1997년 12월 16일부터 환율 변동 폭에 대한 제한이 풀렸고, 완전한 변동환율제가 실시되었어.

외환시장에서 환율이 정해지는 원리는 시장에서 사과를 살 때 가격이 결정되는 원리와 같아. 시장 가격이 수요와 공급이 만나는 곳에서 결정되는 그래프를 떠올려 볼래? 이 그래프를 외환시장에 적용해서 그래프를 그려 보자. 수요는 달러의 수요, 공급은 달러의 공급, 가격은 환율(원/달러), 수량은 거래량(달러)으로 바꾸는 거야. 시장 환율은 달러의 수요와 공급이 만나는 지점에서 결정되겠지?

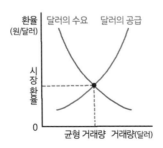

재화나 서비스의 수요와 공급이 변하면 가격이 변하듯이 외환 시장에서도 달러의 수요와 공급이 변하면 환율이 변해. 환율이 올라가면 물가가 불안해질 거라고 전망하는 이유는 환율과 원화 가치가 반대로 움직이기 때문이야. 환율이 올라가면 원화 가치는 내려가. 수입품 가격이 달러로는 변동이 없어도 환율이 올라가면 수입하는 데 필요한 원화는 늘어나잖아. 그러니까 국내 시장에서 수입품 가격은 올라가게 되고, 이로 인해 물가는 불안해지는 거지.

빅맥지수로 알아보는 환율 수준

외환시장의 수요와 공급이 시시각각 달라지는 환율을 결정한다는 건 이해했지? 그럼 장기적인 환율의 흐름을 결정하는 요인은 무엇일까? 스웨덴의 경제학자 구스타브 카셀은 장기적인 환율의 흐름은 각국 통화의 상대적 구매력을 반영해서 결정된다고 말했어. 예를 들어 1개에 1000원인 사과가 1500원으로 올랐다고 해 보자. 가격이 오르기 전에는 3000원으로 사과 3개를 살 수 있었는데, 오른 후에는 2개만 살 수 있어. 이처럼 물가가 올라가면 구매력은 떨어져. 구매력이 떨어지는 건 화폐가치가 내려갔기 때문이지.

● 《국제거래와 환율 쫌 아는 10대》, 석혜원, 풀빛, 2019, 70~75쪽 참조

카셀은 교환할 화폐를 사용하는 국가의 물가 상승률이 다르면 화폐 구매력에 차이가 생기고, 이런 차이가 환율 변동으로 이어진다고 보았어. 두 나라의 물가 상승률의 차이만큼 환율이 변하는 거지.

영국의 시사 경제 주간지 〈이코노미스트〉는 1986년부터 정기적으로 카셀의 **구매력 평가 이론**을 바탕으로 만든 **빅맥지수**를 발표해. 세계 각국의 맥도날드 체인점에서 파는 빅맥 가격을 달러로 환산해서 서로 비교해 특정한 나라의 환율이 실제 가치보다 높은지 낮은지를 따져 보는 거야. 2024년 1월 발표에 따르면 미국에서는 빅맥이 5.69달러였어. 한국에서는 5500원이었는데, 당시 적용 환율로 환산하면 4.10달러야. 한국의 빅맥 가격이 미국보다 28% 저렴한 거지. 이를 근거로 원화는 28% 낮게 평가되었다고 해석해.

나라마다 인건비와 운영비가 다르니까 빅맥 생산비용은 다를 수밖에 없어. 이것을 무시하고 단순히 빅맥 가격만 비교해서 환율 수준을 판단하는 것은 사실 무리야. 하지만 빅맥지수는 각 나라의 물가 수준이나 환율을 말할 때 자주 입에 오르내려. 왜 그러냐고? 재미있잖아. 경제에 관심도 생기고 말이야. 사람들이 빅맥지수에 흥미를 느끼자 〈이코노미스트〉는 2004년부터 다국적 커피 기업인 스타벅스의 카페라테 톨 사이즈 가격을 비교하는 **스타벅스지수**

도 발표하고 있어.

환율 이야기만 하고, 구스타브 카셀을 소개하지 않았네. 그는 스칸디나비아 반도에서 가장 오랜 역사를 지닌 웁살라대학교에서 수학 석박사 학위를 딴 후에 독일에서 경제학 공부를 했어. 1903년부터는 스웨덴의 스톡홀름대학교에서 경제학 교수로 재직했고. 카셀은 1차 세계대전으로 무너진 세계 경제를 살리려면 무역이 활발해져야 하고, 그러기 위해서는 각국의 화폐가치를 제대로 반영하는 환율제도가 자리 잡아야 한다고 생각했어. 1920년에 벨기에 수도 브뤼셀에서 열린 국제연맹회의에서 이런 소신을 발표하면서 유명해졌지.

그는 스스로도 훌륭한 경제학자였을 뿐 아니라, 1974년과 1977년에 각각 노벨경제학상을 수상한 군나르 뮈르달과 베르틸 올린을 비롯해 쟁쟁한 경제학자들을 다수 길러낸 좋은 스승이기도 했어.

환율과 원화 가치는 반대로 움직인다

원/달러 환율은 원화를 주고 달러화를 살 때의 가격이다. 환율이 1300원에서 1200원으로 내렸을 때 1000달러를 사는 데 필요한 돈을 계산해 보자.

환율이 1300원이면 1000(달러) × 1300(원) = 130만(원)

환율이 1200원으로 내리면 1000(달러) × 1200(원) = 120만(원)

그러니까 환율이 100원 내리면 1000달러를 살 때 원화는 10만 원이 덜 필요하다. 환율이 내려가서 달러화를 사는 데 필요한 원화가 줄어드는 건 원화 가치가 올랐기 때문이다. 반대로 달러화 가치는 내려간 것이다. 이처럼 환율이 변했다는 것은 서로 교환하는 화폐의 가치가 달라졌다는 뜻이기도 하다.

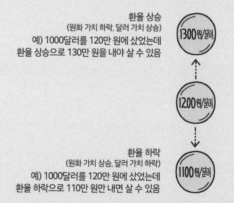

환율 상승
(원화 가치 하락, 달러 가치 상승)
예) 1000달러를 120만 원에 샀었는데
환율 상승으로 130만 원을 내야 살 수 있음

1300원/달러

1200원/달러

환율 하락
(원화 가치 상승, 달러 가치 하락)
예) 1000달러를 120만 원에 샀었는데
환율 하락으로 110만 원만 내면 살 수 있음

1100원/달러

환율이 내려가면 원화 가치가 올라가니까 환율과 원화의 가치는 반대로 움직인다. 환율이 내려가 원화의 가치가 올라갔으면 원화가 **'평가절상'**되었다고 하고, 환율이 올라가 원화의 가치가 내려갔으면 원화는 **'평가절하'**되었다고 한다.

90

돈을 많이 찍으면 물가가 춤춘다?

어빙 피셔

1867~1947

Irving Fisher

통화량과 물가의 관계는?

100조 달러 지폐를 본 적 있니? 0이 무려 14개나 있는 이 사진은 짐바브웨 중앙은행이 발행한 짐바브웨 달러 지폐란다. 이 돈은 이 제 사용할 수 없어. 짐바브웨 은행에 가져가면 미국 돈 40센트(원

| 짐바브웨 100조 달러 지폐(출처: 위키미디어) |

화로 약 500원)로 교환해 주지. 하지만 그렇게 바꾸면 바보야. 이 돈은 지금까지 발행된 지폐 중에서 가장 액면 금액이 커서 화폐 수집가들 사이에서 인기가 높거든. 발행 당시 가치는 약 70달러로 10만 원이 안 되었는데, 지금 사려면 10만 원이 넘어. 화폐로서의 역할을 잃고 재화로 변하자 교환가치가 올랐다니, 아이러니지?

짐바브웨에서는 이렇게나 금액이 큰 지폐를 왜 만들었을까? 1987년부터 장기 집권했던 로버트 무가베 대통령은 세금만으로 나라 살림을 꾸려나가기 힘들어지자 2006년부터 돈을 마구 발행했어. 지나치게 통화량이 늘어나자 물가는 가파르게 올랐지. 급기야 2008년 1월부터 7월 사이에 2억 3000만%나 올라서 100조 달러 지폐까지 발행했던 거야. 하지만 물가 폭등이 계속되자 2008년 11월 이후 물가 상승률 발표를 아예 포기했고, 2009년에는 자기 나라 화폐 대신 미국 달러화를 공식 화폐로 채택했어. 이처럼 돈을 마구 발행해서 나라 경제를 파탄에 빠뜨린 걸 보면 무가베 대통령은 어빙 피셔의 화폐 이론을 몰랐던 게 분명해.

피셔는 미국 뉴욕주 허드슨 강변에 있는 농가 마을에서 어린 시절을 보냈어. 가난한 목사였던 그의 아버지는 소원이었던 아들의 예일대학교 입학 허가 소식을 듣고서 일주일 후에 결핵으로 세상을 떠났지. 피셔는 대학 시절에 개인 교사나 식당 일을 하면서 가족의 생계까지 보살펴야 했어. 공부할 시간이 부족했지만 학업 성적은 아주 좋았대. 수학에 재능이 뛰어났던 그는 수학을 이용해 경제 현상을 분석하는 경제학자가 되기로 마음먹었어. 1891년에 예일대학교 역사상 첫 번째 경제학 박사 학위 수여자가 되었고, 1898년부터는 모교의 경제학 교수로 활발한 연구 활동을 펼쳤지. 그는 수학으로 경제 현상을 설명하는 계량경제학자답게《화폐의 구매력》(1911년)에서 다음과 같은 교환방정식을 소개했어.

$$MV = PT$$

M = 통화량(money), V = 화폐 유통 속도(velocity),

P = 물가(price), T = 거래량(transaction)

현실적으로 실제 총거래량은 알기 어려우므로 T는 총생산량을 뜻하는 Y(yield)로 바꾸어도 돼. 방정식이 등장하니까 머리가 아프니? 피셔의 교환방정식이 무엇을 나타내는 건지만 알아도 충분하니까, 방정식은 외우지 않아도 돼.

가령 어느 나라 안의 통화량을 10조 원이라고 해 볼게. 그런데 돈을 많이 발행해서 통화량이 100조 원이 되었어. 이때 그 나라에서 생산되는 재화와 서비스의 양이 변하지 않으면 무슨 일이 일어

94

날까? 실제로 화폐 유통 속도와 총생산량의 변동은 그리 크지 않아. 그러니까 통화량(M)이 10배로 커졌다면 결국 물가(P)가 10배로 커지게 돼. 쓸 돈이 많아지면 사람들은 가격이 10배 올라도 상품을 사게 되거든. 무가베 대통령은 나라의 살림을 할 돈이 부족하면 화폐를 발행해서 메우면 된다고 생각했겠지만, 통화량을 늘

리자 물가는 올라갔고, 걷잡을 수 없는 물가 폭등은 짐바브웨 경제를 완전히 망가뜨려 버렸어.

피셔방정식으로 실질금리와 명목금리 이해하기 💲

피셔는 금융시장에도 관심이 많아서 자본, 투자, 저축, 금리 등을 연구했고, 이자율과 인플레이션의 관계를 나타내는 피셔방정식도 만들었어(인플레이션이란 화폐가치가 하락해 물가가 전반적·지속적으로 상승하는 경제 현상을 의미해).

명목이자율(i) = 실질이자율(r) + 기대 인플레이션율(π^e)

이자율은 원금에 대해 일정한 기간 동안 주는 이자의 비율이야. 뉴스에서 자주 들리는 금리는 이자율을 뜻해. 돈을 빌리는 가격인 금리는 일정 기간에 몇 %인지로 나타내지. 100만 원을 빌리고 1년에 이자를 3만 원 낸다면, 금리는 연 3%야(이자 3만 원 ÷ 원금 100만 원 × 100 = 3). 금리는 물가 상승으로 인한 화폐가치의 변동을 감안하느냐 아니냐에 따라 명목금리와 실질금리로 나뉘어. 화폐가치의 변동을 감안하지 않은 금리는 **명목금리**이고, 명목금리에서 물가 상승률(인플레이션율)을 뺀 금리는 **실질금리**야. 피셔는 명목금리가 실질금리와 물가 상승률을 합한 수준으로 정해진다고 보았어. 그런데 미래의 정확한 물가 상승률은 알 수 없으므로 명목금리를 정하는 시점의 기대 인플레이션율을 더한 거야.

금리가 낮아지면 전보다 이자를 덜 내고 돈을 빌릴 수 있어. 그래서 기업의 투자와 생산, 사람들의 소비가 늘어나지. 생산이 증가하고 일자리가 늘어나면 경기가 좋아져. 경제가 침체될 때 정부가 금리를 낮추는 건 이런 효과를 기대하기 때문이야.

더 자세히 알아보자
실질금리가 마이너스라면?

뉴스에서 자주 듣는 기준금리, 예금금리, 대출금리 등은 모두 화폐가치의 변동을 고려하지 않는 명목금리이다. 물가 상승은 화폐가치의 하락을 뜻한다. 만약 예금금리는 3%인데 물가 상승률이 4%라면, 명목금리에서 물가 상승률을 뺀 실질금리는 -1%가 된다. 이처럼 실질금리가 마이너스라면 예금을 하고 이자를 받아도 물가 상승이 높아서 실질적으로 금리 혜택을 볼 수 없는 것과 마찬가지다.

3장

경제,
논쟁의 쟁점은
궁금해야지

⭐ 정부가 돈을 풀어야 경제가 산다?
— 존 메이너드 케인스

⭐ 요람에서 무덤까지 국가가 보살핀다?
— 윌리엄 헨리 베버리지

⭐ 경제는 시장에 맡겨라?
— 프리드리히 하이에크

⭐ 통화량과 금리가 가장 중요한 경제 변수다?
— 밀턴 프리드먼

정부가 돈을 풀어야 경제가 산다?

존 메이너드 케인스
1883~1946

John Maynard Keynes

역사상 최악의 경제 공황

1차 세계대전(1914~1918년) 이후 세계 경제의 주도권은 유럽에서 미국으로 넘어갔어. 유럽은 전쟁으로 잿더미가 되었고, 미국은 전쟁 물자를 팔아 큰돈을 벌어서 경제적 위상이 높아졌지. 미국 사람들은 자동차와 라디오 등 온갖 물건을 사들이며 소비를 즐겼어. 기업들은 소비가 계속 늘어난다고 예측하고 생산량을 늘렸고.

넘쳐나는 돈은 주식시장으로 몰려들어 1924년부터 5년 동안 주식 가격이 무려 5배나 올랐어. 1929년 9월 3일엔 미국 주가의 지표인 다우지수가 역사상 최고인 381.17을 기록했지. 그런데 10월 24일 갑자기 주식을 파는 주문이 늘면서 주가가 떨어졌어. 다우지수가 299.47로 곤두박질쳤던 이 날을 역사는 '검은 목요일'이라고 해.

이날 이후에도 주가 폭락은 멈추지 않았고, 겁에 질린 사람들은 소비를 줄였어. 물건이 팔리지 않으니까 문 닫는 기업들이 생겨났지. 일자리를 잃고 소득이 끊긴 사람들은 더욱 소비를 줄였고, 이런 악순환이 이어지면서 1932년엔 실업률이 25%에 달했어. 어느 도시에서나 무료급식소 앞에 줄지어 서 있는 실업자들을 볼 수 있었지.

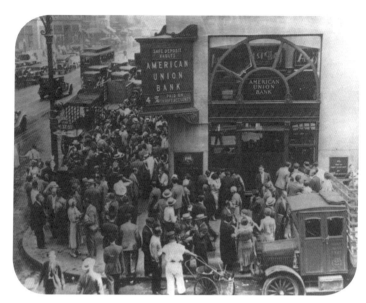

| 대공황 초기 예금을 찾으러 은행 앞으로 몰려든 사람들(출처: 위키미디어커먼즈) |

미국의 경제 혼란은 유럽에도 영향을 끼쳤어. 은행도 위험하다
고 판단한 사람들이 한꺼번에 예금한 돈을 찾아갔고 1931년 5월,
오스트리아의 최대 은행이 파산했지. 그 여파는 다른 유럽 국가로
퍼져 금융시장은 혼란에 휩싸였고, 수백만 명이 일자리를 잃었어.
1929년 검은 목요일에 일어났던 주식 폭락은 세계적인 대공황의
시작이었던 거야.

3장 경제, 논쟁의 쟁점은 궁금해야지

소비가 줄면 결국 실업이 늘어난다?

잠시 지금까지 살펴보았던 경제 이론을 돌이켜보자. 애덤 스미스는 시장에서 이루어지는 경제 활동에는 '보이지 않는 손'이 작용해 경제적 조화가 이루어진다고 했어. 장 바티스트 세는 특정한 재화의 공급이 같은 재화의 수요를 낳는 건 아니지만 경제 전체로 보면 총공급과 총수요는 일치한다고 했고, 발라는 총공급과 총수요가 일치하는 것을 수학적으로 증명해 보였지. 이런 경제 이론에 따르면, 보이지 않는 손이 총공급과 총수요를 일치시키므로 공장에서 물건을 만들어 계속 공급하다 보면 자연스럽게 불황에서 벗어날 수 있어야 해. 그런데 1929년의 주식 폭락으로 시작된 불황은 3년이 지나도록 벗어날 기미가 보이지 않았지.

미국과 유럽 국가의 정부들이 심각한 실업 문제를 놓고 고심할 때, 새로운 처방을 제시한 사람이 나타났어. 바로, 영국의 경제학자인 존 메이너드 케인스야! 그는 예전의 경제 이론은 저축과 투자, 임금과 물가를 조절하는 시장 기능이 제대로 작동한다면 타당하지만, 소비가 충분하지 않으면 적용시킬 수 없다고 보았어. 달라진 경제 현상을 설명할 새로운 경제 이론이 필요한 시점이었던 거야. 한 나라 안에서 일어나는 모든 경제 주체들의 총수요를 식으로 나타내면 다음과 같아.

총수요 = 소비 + 투자 + 정부 지출 + (수출 - 수입)

케인스는 소비가 일어나려면 물건을 사고자 하는 욕구인 절대적 수요가 아니라 실제 물건을 살 돈이 뒷받침되는 유효수요가 있어야 한다고 했어. 대공황 이후 실업이 심각해진 원인이 유효수요의 부족 때문이라고 판단했고. 즉 사람들이 쓸 돈이 없어서 소비를 줄였고, 소비를 줄여 물건이 안 팔리니까 기업이 생산을 줄여서 일자리가 줄었다고 본 거야. 그러니까 실업률을 낮추려면 우선 소비를 살려야 한다는 거지. 케인스는 소비가 줄어서 투자가 살아나지 않는 상황에서는 정부가 나서야 한다고 주장했어. 사람들의 소득이 늘어나도록 공공사업을 벌여 일자리를 만들거나, 세금을 줄여서 쓸 수 있는 돈의 양을 늘려야 한다면서 말이야.

큰 정부의 등장

정부는 나라를 다스리는 방식에 따라 큰 정부와 작은 정부로 나뉘어. 작은 정부는 국민의 생활이나 경제 활동에 적극적으로 개입하

3장 경제, 논쟁의 쟁점은 궁금해야지

지 않고, 개인의 자유와 권한을 존중하며 국정을 운영해. 반대로 큰 정부는 국민의 생활이나 경제 활동에 적극적으로 관여하거나 통제하고, 복지를 비롯한 여러 사회정책을 주도적으로 이끌어 가지.

20세기 초까지의 정부는 국방과 치안, 그리고 최소한의 공공사업만 벌이고 경제 활동은 시장에 맡겼던 작은 정부의 모습이었어. 그런데 케인스의 경제 이론이 힘을 얻으면서 큰 정부가 등장해. 1933년 3월에 취임한 미국의 프랭클린 D. 루스벨트 대통령이 케인스의 이론에 따라 정부가 경제 활동에 직접 관여하는 정책을 실시했거든.

루스벨트 대통령은 갑자기 정책을 바꾸면 생길 반발을 염려해 취임 8일째 날에 라디오 연설을 했어. 그는 마주 앉은 친구에게 이야기하듯 "Good evening, friends"라고 인사한 후 앞으로 실시할 뉴딜정책을 친절하게 설명했지. 믿음과 용기를 가지고 이를 실행하면 경제 회복이 가능하다고 호소하면서 말이야. 그러자 대부분의 국민이 대통령의 계획에 호응했지.

대통령은 곧바로 특별의회를 소집해 긴급은행법, 통화관리법, 농업조정법, 전국 산업부흥법 등 여러 법을 만들었어. 이를 근거로 1933년부터 4년 동안 경제를 살리고 실업을 줄이기 위한 정책들이

☆ 큰 정부의 등장 ☆

실행되었지. 일자리를 늘리기 위해 정부가 나서서 테네시강 유역의 다목적댐, 병원, 다리, 공원 등을 건설했어. 돈을 풀어서 음악, 미술, 연극에 종사하는 여러 예술가의 활동을 지원했고.

뉴딜정책이 시행되는 동안 생산 규모와 통화량 등의 경제 지표들이 대공황 이전 수준으로 회복되었고 실업률도 15% 이하로 떨어졌어. 사람들은 이를 뉴딜정책의 효과라고 생각했지.

거시경제학이라는 새 길을 닦다

케인스가 대공황 탈출의 열쇠를 주었다고 생각한 사람들은 그가 세계 경제를 위해서도 큰일을 해 주길 기대했어. 그는 1944년 브레턴우즈회의*에 영국 대표로 참석해 1929년의 경제적 재앙을 되풀이하지 않으려면 여러 나라들이 협력해 경제 문제를 해결해야 한다고 강조했지. 구체적인 방안으로 국제경제기구의 설립을 제안했고, 그 결과로 만들어진 국제기구가 IBRD(국제부흥개발은행)와 IMF(국제통화기금)야. 그리고 세계 경제는 1970년대 초반 오일쇼크로 인한 불황을 겪기 전까지 번영을 누렸어. 덕분에 케인스는 20세기 최고의 경제학자라는 평가를 듣게 되었지.

케인스는 1883년 6월, 영국이 역사상 가장 강하고 화려했던 빅

---

* 1944년 7월, 미국 뉴햄프셔주 브레턴우즈에 영국 대표 경제학자인 존 메이너드 케인스를 포함한 44개국 대표들이 모였다. 이들은 2차 세계대전이 끝난 후의 세계 경제 회복을 위해 필요한 일을 논의했다. 그리고 브레턴우즈 협정에 따라 국제경제기구가 만들어졌으며 GATT(관세 및 무역에 관한 일반 협정)도 맺어졌다.

토리아 시대에 좋은 집안에서 태어났어. 아버지는 유명한 경제학자이자 논리학자였고, 어머니는 케임브리지 시장을 역임했던 행정가였지. 이튼고등학교를 거쳐 케임브리지대학교의 킹스 칼리지에서 수학을 전공했던 그는 공부뿐 아니라 예능이나 운동에도 뛰어났던 다재다능한 사람이었어.

《경제학 원리》를 읽고 나서 쓴 케인스의 논문을 보고 앨프리드 마셜이 경제학자가 되기를 그에게 권한 건 유명한 일화야. 그러나 케인스는 국가고시를 치르고 1906년부터 공무원으로 일했지. 그런데 맡은 일에 재미를 느끼지 못했고, 그제야 마셜의 제의를 받아들여 케임브리지대학교의 경제학 강사가 되었어. 처음에는《경제학 원리》에 의지해 강의했지만 경륜이 쌓이면서 자신만의 시각으로 경제를 분석하게 돼.

"장기적으로 보면 우리는 모두 죽는다."《화폐개혁론》(1923년)에 적힌 문장이야. 다른 경제학자들은 경제 상황이 불안정해도 기다리다 보면 시장의 보이지 않는 손이 총공급과 총수요를 일치시키는 균형 상태로 이르게 한다고 보았어. 그러나 케인스는 시장이 언제 스스로 회복될지 알 수 없는데 무작정 기다릴 수만은 없다고 판단했지. 그래서 불안정한 경제를 바로잡기 위해 정부가 경제에 간섭해야 한다고 주장했어.

케인스는 이후로 거시경제학의 이론들을 담은《고용, 이자 및 화폐에 관한 일반 이론》(1936년)을 출간해. 보통은《일반 이론》이라고 부르지. 케인스는 정부가 유효수요를 늘리기 위해 공공지출을 하면 지출한 금액보다 많은 수요를 만들어 내는 효과가 생긴다고 주장했어. 각 나라의 정부는 적극적인 경제 개입을 주장한 케인스의 이론을 받아들여서 활발한 공공투자 정책을 실시했지. 후세 경제학자들은 이런 변화를 케인스 혁명이라고 추켜세웠어.

더 자세히 알아보자
미시경제학과 거시경제학

경제학은 크게 두 분야로 미시경제학(Microeconomics)과 거시경제학(Macro-economics)으로 나뉜다.

미시경제학은 가계, 기업, 정부의 경제 활동을 분석 대상으로 삼는다. 즉 재화와 서비스의 가격과 거래량, 개별 상품 시장 분석, 생산 활동 등을 연구해 설명하는 학문이다.

거시경제학은 경제 전체를 하나의 단위로 보고 가계, 기업, 정부의 경제 활동이 상호작용하며 나타나는 한 국가의 전체적인 경제 현상을 분석한다. 국민소득, 물가, 실업, 환율, 국제수지, 경기 변동, 경제 성장 등을 연구한다.

요람에서 무덤까지 국가가 보살핀다?

·윌리엄 헨리 베버리지·
1879~1963

William Henry Beveridge

가난을 없애려면 복지가 필요하다

"요람에서 무덤까지"라는 말을 들어 봤니? **사회보장제도**를 거론할 때 자주 사용하는 말이야. 사회보장제도는 국민의 기본적인 생활을 보장하며, 삶의 질을 향상시키기 위해 국가가 제공하는 보험, 공공부조*, 사회복지 서비스 등을 말해. 이런 복지 혜택을 적극적으로 제공해 국민들이 최소한의 생활을 할 수 있도록 잘 보살피는 국가를 **복지국가**라 하지.

정부의 역할이 커지면서 일자리 늘리기에서 더 나아가 적극적으로 사회보장제도를 실시하는 나라들이 등장했어. 사회보장제도를 가장 먼저 실시한 나라는 영국이야. 2차 세계대전이 일어나자 영국에서는 정치적 색채가 다른 보수당과 노동당이 함께 연립 내각을 세웠지. 평소에는 의견 대립을 벌였지만 비상시국이라 서로 힘을 합쳤던 거야. 국정에 참여하게 된 노동당 출신 인사들은 예전부터 주장했던 사회보장제도 확대를 강력히 요구했어. 윈스턴 처칠 수상과 보수당도 전쟁으로 지친 국민을 다독일 필요가 있다고 느꼈지. 그래서 1941년 6월, 경제학자 겸 노동부 차관이었던

● 생활 유지 능력이 없거나 어려운 사람에게 국가와 지방자치단체가 최저 생활 보장과 자립을 도와주는 경제적 보호제도를 말한다.

월리엄 베버리지를 위원장으로 하는 '사회보험과 관련 서비스에 관한 위원회'를 만들었어.

베버리지는 1879년에 영국령 인도의 랑푸르(현재 방글라데시 북부 지역)에서 태어나 인도에서 어린 시절을 보냈어. 청소년 시기엔 영국으로 가서 명문 공립학교인 차터하우스 스쿨에서 공부한 후 옥스퍼드대학교에 진학해 수학과 서양고전학, 법학을 공부했지. 잠시 변호사로 활동하다가 런던의 빈민구제단체 '토인비 홀'에서 일했는데, 영국 노동조합법 제정을 이끌어 냈던 시민 활동가들과 함께 활발한 사회운동을 벌이기도 했어. 이들은 노령 연금과 무상 급식 실시, 직업소개소 설립도 주도했지. 1919년부터는 런던정경대학교의 학장으로 일하면서 경제 이론을 실생활에 접목시키는 일에도 열정적으로 참여했고.

이런 풍부한 현장 경험은 위원회의 임무를 수행하는 데 큰 힘이 되었어. 1942년 〈사회보험 및 관련 서비스(Social Insurance and Allied Services)〉라는 보고서가 나왔는데, 보통 '베버리지 보고서'라고 불러. 이 보고서에서는 국민 생활의 안정을 위협하는 5대 사회악으로 가난(want)·질병(disease)·불결(squalor)·무지(ignorance)·태만(idleness)을 꼽았어. 이 중 가장 큰 문제인 가난을 없애려면 빈곤층에 대한 복지가 필요하다고 했지. 질병과 불결을 없애려면 보

건 의료 시스템을 갖춰야 하고, 무지와 태만을 없애려면 공공교육 시스템을 마련해야 한다고 했어. 구체적으로는 빈곤층에 대한 공공부조와 모든 국민을 대상으로 하는 건강보험·실업보험·연금 등의 사회보험제도를 갖추자고 제안했지.

복지를 늘리려면 재정 부담을 해결해야

국가가 비용을 부담해 국민의 기본 생활을 돌보자는 보고서를 놓고, 영국 내각에서는 의견 대립이 생겼어. 보수당 출신 재무장관은 재정이 뒷받침될 수 없다고 격렬하게 반대했고, 노동당 출신 장관들은 적극적으로 지지했지. 우여곡절 끝에 공표된 베버리지 보고서를 보고 대부분의 국민은 환호성을 질렀고, 언론도 호의적인 반응을 보였어.

그렇지만 처칠 수상과 보수당 내각은 사회보장제도를 바로 확대하는 건 어렵고 전쟁이 끝난 후에 차근차근 실행할 것이며, 비현실적인 내용은 수정이 필요하다고 했어. 먼저 1944년에 장애자고용법이 제정되었고, 사회보장청이 설치되었지.

하지만 적극적인 개혁을 원하는 분위기가 우세해지면서 1945년 7월 총선에서 클레멘트 애틀리가 이끄는 노동당이 승리해. 노동당은 즉시 사회보장제도를 확대하겠다고 했거든. 노동당 내각은 집권하자마자 의욕적으로 사회보장 정책을 수립했어. 1945년에는 가족수당법이 제정됐고, 1946년에는 건강보험과 연금제도가 도입됐고, 일자리를 잃은 노동자에겐 실업 수당을 지급했지.

베버리지 보고서는 이후로 다른 나라들이 복지정책을 세울 때

참고 자료가 되었어. 복지 혜택이 늘어나면 계층 간 갈등이 줄고, 사회 분위기가 좋아져. 하지만 반면에 기본 생활이 보장되니까 열심히 일하지 않아서 생산성이 낮아지는 문제가 생기기도 하지. 안타깝게도 영국에서는 과도한 복지로 인해 생산성이 낮아지면서 경제가 침체되었어. 정부 지출이 늘면서 재정 문제도 심각해졌고. 급기야 1976년에 영국은 선진국 중엔 처음으로 IMF의 금융 지원을 받아야 했고, 복지정책은 위기를 맞게 되었지.

복지정책을 세울 때야말로 앨프리드 마셜이 말했던 '냉철한 이성과 따뜻한 가슴'의 균형이 중요해. 정부가 하는 일이 많아지면 돈도 많이 필요하잖아. 그래서 복지제도가 발달한 북유럽 국가에서는 소득의 절반 정도를 세금으로 내게 되어 있어. 세금 마련 대책은 세우지 않고, 무작정 복지 혜택만 늘리면 재정 적자가 생길수밖에 없으니까. 정부가 채권을 발행해 돈을 마련할 수도 있지만, 이는 현재 세대가 진 빚을 미래 세대에게 갚으라는 것과 마찬가지야. 그래서 세금을 더 내고 복지 혜택을 늘릴지, 아니면 세금을 늘리지 않고 지금 수준에 만족할지 중에 선택하는 게 바람직해. 물론 세금 사용의 효율성을 높이면 세금을 늘리지 않아도 복지 혜택을 조금 늘리는 것 정도는 가능하겠지. 올바른 경제 정책을 선택하려면 경제를 잘 알아야 한다는 생각이 들지 않니?

한국의 4대 사회보험

사회보험은 질병, 장애, 실업, 노령, 사망 등의 위험을 보험 방식으로 대처해 국민의 건강과 소득을 보장하려는 제도이다. 한국의 4대 사회보험제도는 노후 생활과 사망 후 유가족의 생활을 돕는 연금보험, 질병과 부상, 재활 치료와 건강 진단 등을 다루는 건강보험, 일하다 발생한 재해를 보상하는 산업재해보상보험, 원하지 않는 실업이 발생했을 때 생활비를 지원하는 고용보험으로 이루어져 있다.

국민연금제도는 1988년 1월부터 10명 이상이 일하는 기업을 시작으로 실시되었고, 점차 가입자 범위를 넓혀서 1999년 4월엔 모든 국민이 가입자가 되는 전 국민 연금 시대가 열렸다.

1977년엔 500명 이상이 일하는 기업을 시작으로 실시되었던 의료보험제도는 1979년엔 공무원 및 사립학교 교직원도 대상자로 추가하는 등 제도가 확대되었고, 2000년부터 모든 국민이 대상인 국민건강보험제도로 발전했다.

산업재해보상보험과 고용보험은 각각 1964년과 1995년에 실시되었다.

경제는
시장에
맡겨라?

프리드리히 하이에크

1899~1992

Friedrich A. Hayek

작은 정부로 남아라! ⛩

케인스냐, 하이에크냐. 경제 상황이 어려워질 때마다 경제정책 전문가들은 저울질을 해. 경기를 살리기 위해 '정부의 역할을 강화해야 할까, 시장에 맡길까'를 놓고 고심하는 거야.

1931년, 런던정치경제대학교는 오스트리아 출신의 젊은 경제학자 프리드리히 하이에크를 교수로 초청했어. 정부가 경제에 적극 개입해야 한다는 케인스의 이론이 힘을 얻자, 이 흐름을 꺾기 위해서였지. 덕분에 하이에크는 1930~1940년대에 세계에서 두 번째로 유명한 경제학자가 되었어.

경기 불황을 바라보는 하이에크의 시각은 케인스와 달랐어. 그는 불황이 잘못된 경제 상황을 되돌리기 위해 일어나는 현상이라고 보았지. 과잉 생산과 주식시장의 거품을 바로잡는 데 필요한 과정이라고 본 거야. 불황을 해결하려고 정부 지출을 늘리면 물가 상승이 일어난다고 보았기 때문에, 물가 상승을 아주 싫어한 그는 정부 지출을 늘리는 해결책을 못마땅하게 여겼어. 1920년대 독일과 마찬가지로 패전국이었던 오스트리아에서도 초인플레이션이 발생했었는데, 이로 인한 심각한 고통을 본인이 경험했거든.

하이에크는 정부의 적극적인 경제 개입을 주장했던 케인스와 논쟁을 벌이면서 줄곧 "시장은 스스로 조절하는 능력이 있으므로 정부는 시장의 가격 결정 기능을 제한하지 말아야 한다"라고 주장했어. 하지만 워낙 케인스를 따르는 사람들이 많아서 하이에크의 주장을 찬성하는 사람이 점점 줄어들었지. 제자들마저 케인스의 이론에 손을 들어 줄 정도로 말이야. 그렇지만 그는 자신의 신념을 꺾지 않았고, 《노예의 길》(1944년)에서 시장경제를 옹호하며 정부가 통제하는 사회주의 계획경제를 택하는 일은 노예의 길로 들어가는 것이라면서 비판했지.

1950년에 미국으로 건너간 하이에크는 시카고대학교의 교수로 있으면서 자유주의 사상가로 활동했어. 정부는 부와 번영을 만들어 낼 능력이 없으므로 개인과 기업의 경제 활동을 제한하는 규제를 풀고, 작은 정부로 남아야 한다고 계속 외쳤지.

시장의 자율성을 보장하는 법과 제도를 만들라! 💰

하이에크가 정부의 개입을 무조건 반대한 건 아니야. 복지제도의 필요성을 인정했고, 정부가 노동 시간을 제한하고, 의료보험을 제공해야 한다고도 했어. 시장에서의 경쟁을 해치는 정부 개입만 반대한 거야. 그는 정부의 역할이란 법과 제도를 유지하고 발전시키는 것이라고 보았어. 고용을 늘리려면 정부가 직접 일자리를 만들게 아니라, 법과 제도를 정비해서 일자리가 늘어날 환경을 만들어야 한다고 주장했지. '진보와 번영의 토대는 자유'라고 확신했던 그는 자유와 법에 대한 연구를 계속했고,《자유헌정론》(1960년)을 출간했어. 이 책에서 복지국가로 불리는 나라의 조세, 사회보장제도, 노동조합, 화폐와 교육제도를 포함한 다양한 경제정책을 비판하면서, 자유의 원칙을 지키는 법과 제도를 만들어야 한다고 주장했지.

그는 유럽으로 돌아가 독일의 프라이부르크대학교와 오스트리아의 잘츠부르크대학교에서 교수로 재직하면서도 이 주제에 대한 연구를 계속했어. 그래서 《법, 입법 그리고 자유》(1973~1979년)를 3권까지 출간했지만 관심을 끌지 못했지. 1946년에 케인스가 세상을 떠났지만 아직도 여전히 케인스의 이론이 세상을 지배하고 있었거든. 1차 세계대전이 끝나고 1970년대 1차 오일쇼크가 발생하기 전까지는 '자본주의의 황금기'였어. 역사상 가장 높은 경제 성장률과 낮은 실업률을 기록했을 뿐 아니라 물가 상승률도 그리 높지 않았지. 사람들은 이것이 자본주의와 사회주의 경제정책의 장점을 잘 섞은 혼합 경제정책 덕분이라고 보았어. 경제가 침체되면 정부 지출을 늘리고, 과열되면 정부 지출을 줄이는 케인스식 재정정책의 성과로 받아들였던 거야. 그래서 하이에크의 주장은 허공의 메아리가 되었지. 그러다 1970년대로 들어서자 케인스의 이론에 대한 의구심이 커지면서 갑자기 하이에크의 이론이 주목받기 시작해. 상황이 달라졌거든. 결국 그는 1974년, 스웨덴의 경제학자 군나르 뮈르달과 공동으로 노벨경제학상을 수상해.

그러고 보니 노벨경제학상을 받은 경제학자를 처음 소개하네. 노벨경제학상은 알프레드 노벨의 유언에 따라 만든 게 아니라, 1968년에 스웨덴 중앙은행 창설 300주년을 기념해 만들어진 상이야. 정식 명칭은 '알프레드 노벨을 기념한 스웨덴 중앙은행의 경제학상'이지. 첫 수상이 1969년이니까, 앞서 소개한 경제학자들은 탈 수 없었어. 노벨상은 생존자만 받을 수 있는데, 그들은 모두 이 상이 생기기 전에 세상을 떠났거든. 우스갯소리로 노벨경제학상 수상자의 중요한 조건을 장수라고 말하기도 해. 다른 학문과 달리, 경제학은 이론이 입증되려면 10년 이상 걸리는데, 일찍 세상을 떠나면 받을 수 없으니까. 그런데 생각해 보면, 하이에크는 1974년이 아니었어도 노벨경제학상을 받았을 거야. 그는 1992년에 세상을 떠났는데, 1980년대부터 세계의 경제 질서가 하이에크가 주장했던 방향으로 나아갔거든. 그러니까 노벨경제학상 수상자가 될 기회는 이후로도 얼마든지 있었던 거지.

대처리즘으로 영국 경제는 살아났지만

케인스에 가려서 제대로 평가받지 못했던 하이에크에게 관심이 높아진 건 1970년대 오일쇼크로 인한 경제 불황을 겪으면서부터야. 그런데 훗날 영국 최초의 여성 총리가 된 마거릿 대처는 일찍부터 하이에크를 높이 평가했어. 옥스퍼드대학교에서 공부할 때 하이에크의《노예의 길》을 읽고 감명을 받았거든.

대처는 복지제도가 비효율적으로 실시되면 국가 전체의 경제적 효용이 오히려 줄어든다고 생각했어. 1971년 교육장관이 된 후 그녀는 '마거릿 대처, 우유 도둑(Margaret Thatcher, Milk Snatcher)'이라 불리었어. 11세 미만 어린이에게 주어졌던 무료 우유 급식을 7세 미만 어린이에게만 제공하기로 바꾸었거든. 그녀는 이런 조롱을 받으면서도 자유 시장 경제에 대한 신념을 버리지 않았어. 재정 적자와 물가 상승, 심각한 노사 분규의 원인이 영국의 지나친 복지제도에 있다고 확신했으니까.

실제로 국가가 기본적인 생활을 보장하자 영국에서는 열심히 일하는 분위기가 사라졌어. 복지 지출의 증가로 심각해진 재정 적자를 메우려고 세율을 올리자 투자가 감소했지. 그럼에도 불구하고 집권한 노동당 내각은 1974년에 영국 100대 기업 중 25개 기업을 공기업으로 바꿔 버렸어. 이로 인해 기업의 생산성은 더욱 떨어져서 1975년엔 영국의 노동 생산성은 미국보다 50%, 독일보다 25% 뒤처졌지. 총체적인 경제 난국에 처했던 그해에 마거릿 대처는 보수당 당수로 뽑혔어.

1978년 겨울, 영국에서는 운수·병원·청소·자동차 노조의 연대 파업으로 교통망이 마비되고, 거리마다 쓰레기가 쌓이고, 입원을 못 한 환자가 죽는 상황이 벌어졌어. 1979년 3월, 노조와 노동당 정부에 대한 불만이 폭발하여 노동당 정부에 대한 불신임안이 의회를 통과했지. 그해 5월, 결국 보수당의 총선 승리로 대처는 유럽 최초의 여성 수상이 돼.

대처 수상은 노동당 정부가 취했던 각종 국유화와 복지정책을 포기해. 대신 민간의 자율적인 경제 활동을 중시하는 정책을 강력하게 밀고 나갔지. 노동법을 개정하여 부당한 파업으로 피해가 발생하면 노조에 배상 책임을 묻는 강경 대책이 실시되자, 노사분규˙는 반세기 이래 가장 낮은 수치를 기록했어. 덕분에 노동자의 실질소득은 20% 이상 높아졌지. 공기업의 민영화를 단행하고, 금융 규제를 완화하고, 다국적 기업에 유리한 환경을 만들자 산업의 국제 경쟁력은 높아졌어. 세금제도는 투자를 늘리려고 세율을 낮추고, 간접세를 늘리는 방향으로 바뀌었지. 이처럼 경제를 살리기 위해 대처 수상이 취했던 모든 정책을 **대처리즘**이라고 해.

대처 수상이 '철의 여인'이란 별명을 얻을 정도로 강경하게 자유주의 시장경제 정책을 밀고 나가자 침몰하던 영국 경제는 살아나게 돼. 하지만 실업이 늘어나고 소득의 불균등이 커지는 부작용이 생겼지. 이런 걸 보면 모든 국민을 만족시키는 경제정책을 찾

˙ 노동자와 사용자 사이에 이해관계가 충돌하면서 일어나는 여러 문제를 말한다. 정상적인 업무 활동을 중단하거나 저해하는 집단 행동을 하기도 한다.

아내는 건 정말 어려운 일이야. 정책을 결정할 때 최우선 목표로 삼아야 하는 것은 무엇일까?

신자유주의 경제정책을 받아들인 두 지도자

신자유주의 경제정책은 정부의 시장 개입을 비판하고 시장의 기능과 민간의 자유로운 활동(개방화, 자유화, 민영화, 탈규제, 탈복지)을 중시한다. 신자유주의는 프리드리히 하이에크, 밀턴 프리드먼과 같은 자유 시장 경제학자들에 의해 발전했으며, 1980년대 영국의 마거릿 대처 총리와 미국의 로널드 레이건 대통령이 추진한 정책들이 신자유주의의 대표적인 예로 꼽힌다. 이들은 대처리즘과 레이거노믹스로 불리는 강력한 신자유주의 경제정책을 실시했다.

| 영국의 대처 수상과 미국의 레이건 대통령(출처: 위키미디어커먼즈) |

통화량과 금리가 가장 중요한 경제 변수다?

✦밀턴 프리드먼✦
1912~2006

Milton Friedman

1970년대 오일쇼크가 몰고 온 경제 불황

사람들은 처음엔 케인스의 경제 이론 덕분에 대공황 탈출이 가능했다고 여겼지만, 시간이 흐르면서 다른 시각의 분석이 나오기 시작했어. 뉴딜정책이 아니라, 2차 세계대전으로 인한 전쟁 물자의 수요 증가로 미국 경제가 회복한 거라는 견해였지. 그러다 1970년대에 두 차례 오일쇼크를 겪고서 케인스의 이론에 대한 의구심이 커졌어. 케인스의 이론으로는 설명할 수 없는 상황이 발생했거든.

오일쇼크는 왜 일어났을까? 1973년 10월, 유대인의 전통 행사 기간 중에 이집트와 시리아가 이스라엘을 침공했어. 고대 이스라엘왕국 멸망 후 전 세계에 흩어져 살던 유대인들은 1948년, 팔레스타인 지역에 이스라엘이라는 독립 국가를 세웠지. 유대인들의 입장에서는 옛 조상의 땅을 되찾은 것이지만, 2천 년 넘게 그곳에서 살았던 아랍인의 입장에서는 땅을 빼앗긴 셈이었어. 그래서 그 땅을 되찾으려고 이스라엘을 침공한 거야.

그런데 미국이 이스라엘의 편을 들면서 팔레스타인 분쟁의 불똥이 엉뚱한 곳으로 튀었어. 석유수출국기구(OPEC)에 속했던 아랍 국가들이 미국의 중동정책에 항의하면서 원유 가격을 대폭 올린 거지. 배럴당 3달러 정도였던 원유 가격은 단숨에 10달러까지 올랐어. 원유 가격이 오르자 원유가 원료인 석유화학 제품의 가격이 올랐고, 가격이 오르자 다른 제품을 사는 데 쓸 돈이 줄어서 소비가 줄었고, 이어서 생산이 줄면서 불황으로 접어들었지.

2차 오일쇼크는 1978년 12월, 세계 2위 석유 수출국이었던 이란의 쿠데타로 인해 일어났어. 미국과 친했던 국왕을 몰아내고 세워졌던 이란의 혁명정부가 석유 생산을 대폭 줄이면서 수출 중단을 선언했거든. 이로 인해 원유 가격은 순식간에 2배로 올라 30달

| 1973년 오일쇼크가 일어났을 때 미국 오리건주에 놓여 있었던
유류 판매 중단 알림판(출처: 플리커) |

3장 경제, 논쟁의 쟁점은 궁금해야지

러를 넘겼지.

두 차례 오일쇼크를 겪은 후 세계 각국은 에너지 절약운동을 펼쳤고, 석탄과 원자력 등 대체 에너지 자원을 개발하는 데 주력하게 되었어. 자기 나라 근처에서 석유 자원을 찾아내 채굴하고, 멕시코와 소련 등 다른 석유 수출국으로 눈을 돌리기도 했지. 그러나 세계 경제는 한동안 오일쇼크로 인한 경제 불황에 시달릴 수밖에 없었단다.

스태그플레이션 탈출은 통화정책으로

1970년대 이전에는 케인스의 이론대로 실업이 늘어나는 불황기에는 물가가 내려가고, 실업이 줄어드는 호황기에는 물가가 올라갔어. 하지만 1970년대 경제 불황기에는 물가 상승이 계속되었지. 예를 들면 1974년, 미국의 경제 성장률은 마이너스였는데 물가는 15%나 올랐어. 이처럼 경제 침체기에도 물가가 계속 오르는 **현상을 스태그플레이션**이라고 해. 스태그네이션(stagnation: 경기 침체)과 인플레이션(inflation: 물가 상승)을 합친 말이야.

이런 현상은 케인스의 이론으로는 도저히 해결할 수 없었어. 물가를 내리려고 정부가 지출을 줄이면 실업자가 더 늘어날 거고,

실업자를 줄이려고 정부 지출을 늘리면 물가가 더 올라갈 테니 말이야. 경제를 새로운 시각으로 분석해야 할 필요성이 생기자 시카고대학교의 경제학 교수였던 밀턴 프리드먼이 주목받게 되었지. 《자본주의와 자유》(1962년)를 출간하며 자유주의 경제학자의 대변자였음에도 별로 눈에 띄지 못했던 그가 세계에서 가장 영향력 있는 경제학자가 된 거야.

1912년에 뉴욕 브루클린에서 태어난 프리드먼은 뉴저지의 러트거스대학교를 졸업하고, 시카고대학교에서 경제학 석사 학위, 컬럼비아대학교에서 경제학 박사 학위를 받았어. 그는 정부가 모든 경제 활동을 시장에 맡기고 통화량과 금리를 조절해 기업의 투자를 이끌어 내야 한다는 사상을 가졌지. 《미국 통화의 역사 1867~1960》(1963년)에서는 1929년의 대공황을 연방준비은행(미국의 중앙은행)이 주식시장의 과열을 잠재우기 위해 통화량을 줄였기 때문에 발생한 거라고 분석했어. 케인스가 꼽았던 소비의 감소보다 기업의 투자 감소가 더 문제였다고도 짚었고. 이런 분석이 새삼 조명을 받으며 스태그플레이션을 탈출하려면 기업의 투자를 늘리기 위해 정부가 금리를 낮추어 통화량을 늘려야 한다는 처방이 주목받게 되었지.

밀턴 프리드먼은 경제의 가장 중요한 변수가 '통화량'과 '금리'

라고 보았어. 그래서 불황을 탈출하려면 정부 지출을 늘리는 재정 정책이 아니라 통화량과 금리를 조절하는 **통화정책**을 펴야 한다고 주장했지. 그는 "만약 케인스가 10년을 더 살았더라면 스스로 케인스 이론을 수정했을 것"이라고 말했을 정도로 자신의 분석에 자신감을 가졌어.

잠깐, 한국은행 홈페이지에서 한국은행의 설립 목적을 함께 살펴볼까? "한국은행은 효율적인 통화 신용정책의 수립과 집행을 통해 물가안정을 도모함으로써 나라 경제의 건전한 발전에 이바지합니다"라고 적혀 있어. 안정적인 경제발전을 위해서 정부는 안정적인 통화량과 금리를 예측해 효율적으로 운용해야 한다는 프리드먼의 주장이 그대로 담겨 있지?

애덤 스미스가 살아났다?

1980년 12월, 미국 제40대 대통령 로널드 레이건의 당선 축하 파티에 참석한 사람들은 애덤 스미스의 얼굴이 그려진 넥타이를 매고 있었어. 왜 그랬을까? 당시 미국은 2차 오일쇼크로 인한 심각한 경제 불황을 극복하지 못한 상황이라 새로 출범한 정부의 가장 큰 과제는 경제 회복이었지.

레이건 대통령 당선자는 과거 정부가 펼쳤던 경제정책이 잘못되었다고 보았어. 정부가 지나치게 많은 세금을 거둬들여서 기업의 투자와 개인의 소비를 방해했고, 지나친 재정 지출로 통화량을 늘려서 스태그플레이션이 일어났다고 판단했지. 그래서 재정 지출을 줄여서 물가와 임금 상승을 잡고, 세율 인하와 기업 활동 규제를 완화해서 투자를 활성화시켜야 한다고 보았어. 새 정부는 과거 경제정책의 토대였던 케인스의 경제 이론에서 벗어나서, 하이에크의 주장을 따라 모든 경제 활동을 시장에 맡기고, 밀턴 프리드먼의 이론을 따라 재정정책이 아니라 통화정책을 중시하는 정책을 펼칠 계획이었던 거야. 그래서 자유 시장 경제정책을 옹호했던 애덤 스미스 얼굴이 그려진 넥타이를 맸던 거지.

레이건 대통령은 국가 예산의 상당 부분을 차지하는 사회복지 예산을 줄이고, 기업 활동에 대한 정부의 간섭을 줄이는 등 경제 환경을 바꾸었어. 개인의 근로 의욕과 기업의 투자 의욕을 높이기 위해 세율도 낮추었고. 경제 보좌관이었던 밀턴 프리드먼이 국방비는 늘리는데 세금을 인하하면 재정 적자가 커진다고 지적했지만 귀담아듣지 않았어. 세율을 낮춰서 개인이 쓸 돈이 늘어나면 소비가 늘고, 기업의 투자도 늘어나 더 많은 일자리가 생길 거라고 확신했거든.

레이건 대통령이 실시한 경제정책을 **레이거노믹스**(Reaga-nomics)라고 해. '레이건'과 '이코노믹스'가 합쳐진 말이야. 기업의 생산과 투자를 늘리는 정책이 효과를 발휘하자 경기 회복과 물가 안정을 이룰 수 있었어. 그러나 세금 수입이 줄어들어 1980~1984년 미국의 1인당 평균 소득은 4% 증가했지만 개인소득세 부담은 오히려 9% 감소했지. 그리고 세금 수입 감소로 인해 미국은 재정 적자에 시달려야 했어. 또한 미국 기업의 경쟁력은 높아졌지만 부유층과 빈곤층의 소득 격차는 더욱 심해졌지. 게다가 자유 경쟁에서 불리한 중소기업의 도산이 늘어났고, 인수합병에 대한 규제를 없애자 과점이나 독점 기업도 늘어났어. 결과적으로 레이거노믹스는 절반의 성공을 거둔 정책이었지.

그러나 레이거노믹스의 바탕이 되었던 **신자유주의** 경제사상은 유럽과 중남미, 동남아시아와 아프리카 등 전 세계로 퍼져 나갔어. 이들 국가들이 스스로 신자유주의를 받아들인 것이 아니라 IMF와 WTO를 등에 업은 미국 등 경쟁력을 가진 나라들이 원해서였지. 선진국들이 수출을 늘리고 자기 나라의 경제 성장과 고용을 유지하기 위해 자유주의를 내세우면서 시장 개방을 요구했거든. 이로 인해 세계는 하나의 시장이 되는 세계화가 이루어졌어.

세계화

1980년대 국내 산업의 중심이 제조업에서 서비스업 쪽으로 옮겨 간 미국은 세계 경제에 대한 영향력을 유지하기 위해 경쟁력이 높은 농업과 서비스업 시장의 개방을 원했다. 1986년 9월 우루과이에서 열린 GATT(관세 및 무역에 관한 일반 협정) 회의에서 미국은 새로운 내용의 무역 협상을 하자고 제의했다. 나라마다 이해관계가 얽히고설켜 합의점을 찾지 못한 채 논의만 계속되다가 마침내 1994년 4월, 모로코의 마라케시에서 열린 GATT 회의에서 합의가 이루어졌다. 이 합의가 '우루과이 라운드'이다. 관세 장벽과 수출입 제한을 없애는 GATT는 공산품과 원자재 무역에만 적용된 반면, 우루과이 라운드는 서비스와 투자 등의 국제거래까지 적용 범위가 확대되었다.

우루과이 라운드 이행을 위해 1995년 1월 1일 WTO(세계무역기구)가 출범했다. WTO는 자유무역을 확대하기 위해 가입국이 어느 한 가입국에 관세 혜택을 주면 나머지 모든 가입국에도 차별 없이 동등한 혜택을 주어야 한다는 원칙을 내세웠다. 시장 개방화와 자유화의 물결이 거세지면서 국가 간의 상품과 노동, 서비스 등의 교류가 자유롭게 이루어지는 세계화 시대가 열린 것이다.

국경을 넘어 전 세계 시장이 하나가 되자 소비자들은 저렴하고 품질 좋은 상품을 구매할 수 있는 기회가 늘어나 경제적 효용이 높아졌다. 그러나 세계화에 잘 적응한 선진국은 혜택을 누렸지만, 미처 경쟁력을 갖추지 못한 나라들은 선진국에 의존하는 경제 구조를 벗어나지 못하게 되었다.

4장

경제,
배웠으면
쓸모 있게
적용해야지

★ 경제학은 누구를 위한 학문인가?
— 폴 새뮤얼슨

★ 계란을 한 바구니에 담지 마라?
— 제임스 토빈

★ 넛지가 행동을 결정한다?
— 리처드 세일러

★ 지구상에서 굶주림이 사라지지 않는 이유는?
— 제프리 색스 & 윌리엄 이스털리

경제학은 누구를 위한 학문인가?

폴 새뮤얼슨

1915~2009

Paul A. Samuelson

세계에 경제학이 무엇인지 가르치다

'현대경제학의 아버지'로 불리는 폴 새뮤얼슨은 1915년 미국 인디 애나주의 게리라는 도시에서 태어났어. 하지만 그는 스스로 말하 길, "1932년 1월 2일 아침 8시, 경제학 수업을 처음 들었던 시카고 대학교 강의실에서 태어났다"고 했지. 경제학은 자신을 위해 만들어진 학문이라고도 했고.

그는 시카고대학교 졸업 후 하버드대학교에서 계속 경제학 공부를 했는데, 박사 논문을 작성하면서 수학적으로 경제학에 접근하는 방법을 시도했어. 수학과 물리학에 남다른 재능을 보였던 그는 수학을 활용하면 현대경제학에 일대 혁신을 일으킬 수 있다고 판단했거든. 그의 박사 학위 논문은 《경제 분석의 기초》(1947년)라는 책으로 출간되었어. 이 책이 유명해지면서 다른 경제학자들도 어려운 수학적 모델을 활용한 경제 분석을 즐겨 하게 되었지. 그래서 새뮤얼슨 때문에 사람들이 경제학을 멀리하게 되었다고 농담하는 사람들도 있긴 해.

1970년에 경제 이론 발전에 대한 공로로 노벨경제학상을 수상했던 그는 경제학자로서의 자부심이 대단했대. 현대경제학에 관해 이야기하는 것은 곧 자신에 대해 말하는 거라고 할 정도로 말이야. 그는 경제학의 마지막 제너럴리스트로서 현대경제학의 모든 분야, 말하자면 국제무역, 계량경제학, 경제 이론과 경기순환론, 인구통계학, 노동경제학, 금융경제학, 독점적 경쟁론, 경제학설사, 지역경제학 같은 다양한 주제를 연구하고 가르쳤던 것도 자랑스러워했지. (제너럴리스트란 다양한 분야의 지식과 경험을 가지고 있는 사람을 말해.) 《경제학》(1948년)은 그의 이러한 저력을 증명하는 책이야. 41개 언어로 번역되어 많은 나라에서 경제학을 처음 배우는 대학생의 교재로 사용되었어. 2018년까지 400만 부 넘게 팔린 경제학 분야 최고의 베스트셀러지.

새뮤얼슨은 자기 자신을 '20세기 후반을 살다 간 다양한 경제학자의 목소리를 한데 모으는 오케스트라 지휘자'에 비유했어. 그는 실업 문제가 심각하면 단기적으로 실업을 줄이기 위해 정부가 경제 활동에 적극적으로 개입해야 한다고 했지. 그러나 장기적으로는 수요와 공급에 따라 시장이 자율적인 기능을 발휘하도록 경제에 대한 간섭을 줄여야 한다고도 했어. 정부와 시장의 역할을 모두 인정한 거야.

그의 이론은 2차 세계대전 이후 30여 년간 경제학계의 중심 이론으로 자리 잡았어. 덕분에 자본주의와 사회주의 경제정책의 장점을 잘 섞은 혼합 경제정책이 실시되어 자본주의의 황금기를 이

룰 수 있었지. 그러나 1980년대 신자유주의 경제사상이 세계를 휩쓸면서 힘을 잃었어. 정부와 시장 모두 실패할 수 있음에도 불구하고, 미국의 레이건 대통령과 영국의 대처 수상 등 선진국 정치인들은 시장의 역할만 높이 평가하는 경제정책을 강력하게 밀고 나갔거든. 그런데 2008년에 발생한 금융 위기로 시장과 정부

가 서로 견제하는 경제 시스템을 만들어야 한다는 견해가 설득력을 얻으면서 새뮤얼슨이 다시 주목받게 된 거야.

정부와 시장, 적절한 평형이 중요하다

경제 상황에 따라 정부와 시장의 역할을 보는 눈은 어떻게 변화했는지 잠시 돌아볼게. 자본주의 역사가 시작된 후 1929년 세계 대공황이 발생할 때까지는 경제를 시장에 모두 맡겼던 **자유방임주의** 시기였어. 대공황으로 은행이 파산해도 정부가 아무런 조치를 취하지 않았을 정도로 말이야. 그러다가 1933년 루즈벨트 대통령이 케인스 이론을 바탕으로 적극적인 재정정책을 펴는 큰 정부를 탄생시키면서 정부가 경제에 개입하게 돼. 그러다 1970년대 오일쇼크로 인한 경제 불황을 계기로 다시 시장의 역할을 옹호하는 신자유주의 경제정책이 기세를 떨치게 되지. 시장의 실패로 경제 불황이 오면 정부 역할이 강조되고, 정부의 실패로 경제 불황이 오면 시장 역할이 강조되는 쪽으로 쏠렸던 거야. 경제에서는 정부와 시장의 역할 둘 다 필요한데, 한쪽으로 치우치는 현상이 반복되었던 거지. 적극적인 정부 개입이 이루어졌던 시기에는 시장의 자유를 외치는 하이에크의 주장을 무시했고, 반대로 신자유주의가 위세를 떨칠 때는 케인스는 물론이고 폴 새뮤얼슨의 충고도 뒷전으로 밀려났을 정도로 말이야. 이런 행태가 바람직한 걸까?

새뮤얼슨은 경제학이 자신을 위해 만들어진 학문이라고 말했지만, 사실은 모든 사람을 위해 만들어진 학문이라고 생각했어. "경제학의 역할은 차가운 머리의 지식을 활용하면서 뜨거운 가슴으로 보완해 사회의 능률과 번영과 공정성을 달성하기 위한 적절한 평형을 찾는 것"이라고 보았거든. 경제학이 제 몫을 하면 모든 사람이 행복한 세상이 만들어진다고 믿으며, 평생 경제학 연구에 매진했던 거야.

폴 새뮤얼슨은 2009년 12월에 세상을 떠났는데, 이때는 정부와 시장의 역할을 모두 인정하는 균형 잡힌 시각이 절실했을 때였어. 2008년 미국에서 시작되어 전 세계를 덮쳤던 경제 위기 이후로 지속된 경제 침체를 벗어날 방법을 찾아야 했거든. 그래서 그는 비록 세상을 떠났지만, 한쪽으로 쏠리지 말고 경제의 적절한 평형을 찾으라는 그의 가르침이 다시 살아나 영향을 끼쳤던 거야.

탁월한 경제학자였던 새뮤얼슨은 행복도 경제학으로 풀어냈어. "행복은 소유를 욕망으로 나눈 것이다"라고 말했지. 혹시, 많은 걸 소유해야 행복해질 수 있으니까 부자가 되어야겠다고 생각하니? 이런! 아무리 부자라도 욕심이 크면 행복할 수 없어. 가진 것이 조금 부족하더라도 욕심을 버리고 마음을 비우면 행복할 수 있지. 사자성어로는 안분지족(安分知足)이라고 하거든. 작은 것에 만족할 줄 아는 사람이 행복하단다.

시장의 실패와 정부의 실패

시장의 실패는 시장의 '보이지 않는 손'이 제대로 작동하지 않아서 자원의 효율적 배분이 이루어지지 않는 상태를 가리키는 말이다. 시장의 실패의 대표적인 요인은 불완전 경쟁과 외부 효과이다. 독점이나 과점 등 불완전 경쟁 시장에서는 기업이 공급을 제한하거나 가격 인상 등을 통해 기업의 이윤을 최대화하려는 시도를 한다. 따라서 완전 경쟁 시장에 비해 효율적인 자원 배분이 이루어지지 않는다. 외부 효과의 경우, 외부 경제를 이끌어 내는 재화는 적게 공급되고 외부 불경제를 일으키는 재화는 많이 공급되어서 적절한 자원 배분이 이루어지지 않게 된다.

시장의 실패는 독과점 시장을 규제하거나 외부 효과에 대한 보조금 지급이나 과징금 부과 등 정부의 시장 개입을 불러일으킨다. 그런데 정부 개입이 효율적 자원 배분이라는 결과를 얻지 못하거나 상태를 더욱 악화시키면 정부의 실패가 일어난다. 이는 정부가 민간의 경제 활동에 대한 정확한 지식이나 정보를 갖고 있지 못하거나, 특정한 이익 집단의 압력에 굴복하는 경우에 일어난다.

정부의 실패를 더 심각하다고 보는 사람들은 작은 정부를, 시장의 실패를 더 심각하다고 보는 사람들은 큰 정부를 옹호한다.

계란을 한 바구니에 담지 마라?

제임스 토빈
1918~2002

James Tobin

분산 투자를 하라!

저축해서 목돈을 모았으니 투자에 도전해 보고 싶다는 생각을 한 적 있니? 금융 투자에 도전할 거라고? 우아, 정말 기특한걸! 초보 투자자가 알아야 할 것들이 궁금하다고? 그렇다면 당연히 알려 주어야지. 세세한 내용은 《돈과 금융 쫌 아는 10대》를 읽으면 도움이 될 거야. 오늘은 딱 하나만 강조할게. "계란을 한 바구니에 담지 마라!"

이 말을 처음 한 사람은 1981년 노벨경제학상 수상자였던 제임스 토빈이야. 그가 포트폴리오(portfolio) 이론에 이바지한 공로로 노벨경제학상 수상자로 결정됐다는 발표가 있은 후, 재직했던 예일대학교에서 기자회견이 열렸어. 그가 기자들 앞에서 포트폴리오 이론을 열심히 설명했지만 대부분 도무지 어려워서 이해할 수 없다는 반응이었지. 더 쉽게 설명해 달라는 부탁을 받고, 그는 이렇게 말했어. "여러분도 잘 아실 겁니다. 가지고 있는 계란을 한 바구니에 몽땅 담아서는 안 된다는 걸 말이죠." 다음날 노벨경제학상 수상을 알리는 전 세계 뉴스에 이런 제목이 달렸지.

"예일대 경제학자, '계란을 한 바구니에 담지 마라'로 노벨경제학상 수상."

✦ 포트폴리오 이론 ✦

계란을
한 바구니에
담지 마세요.

← 제임스
토빈

이후 그의 말은 분산 투자의 중요성을 일깨워 주는 격언이 되었어. 포트폴리오는 원래 칸이 구분되어 있는 서류 가방을 일컫는 말이었거든. 그런데 토빈이 노벨경제학상을 수상한 후엔 보유 자산 목록을 뜻하는 말로 쓰이게 되었지. 만약에 내가 예금, 채권, 펀드, 주식에 투자했다면, 내 금융자산의 포트폴리오는 예금, 채권, 펀드, 주식인 거야.

포트폴리오를 구성할 때 고려할 점은?

제임스 토빈은 1918년 일리노이주립대학교 어바나-샴페인 캠퍼스가 있는 대학촌에서 태어나고 자랐어. 언론인이었던 토빈의 아버지는 당연히 일리노이주립대학교로 진학할 거라고 생각했던 아들에게 귀한 정보를 전해 주었지. 하버드대학교에서 중서부 5개 주에서 각각 2명씩 장학생을 선발하는 제도를 만든다는 소식이었어. 이 제도 덕분에 그는 1935년 하버드대학교로 진학해서 경제학을 전공했지. 대학원생 선배가 소개한 케인스의 《고용, 이자 및 화폐에 관한 일반 이론》을 읽고 푹 빠져 버렸거든.

토빈의 박사 학위 논문 지도 교수는 20세기 최고의 경제학자이자 사회학자였던 조지프 슘페터야. 슘페터는 케인스의 이론을 인정하지 않았지만 제자의 케인스 이론 연구를 말리진 않았나 봐. 토빈은 1947년에 박사 학위를 받은 후 1950년부터 예일대학교의 경제학 교수로 재직했어. 일찍부터 경제학자적 자질을 인정받아 1955년에는 존 베이츠 클라크 메달을 수상했지. 그 메달은 40세 미만의 특출한 경제학자에게 수여되는 값진 상이야.

토빈의 포트폴리오 이론은 케인스의 통화수요 이론을 발전시킨 것이지. 케인스는 금융자산을 이자가 크게 붙지 않는 화폐와

이자를 주는 채권 두 가지로 구분했어. 케인스의 이론에 따르면 사람들은 미래의 예상 이자율에 따라 자산을 화폐와 채권 중의 하나로만 보유해. 그러나 실제로 사람들은 자산을 한 가지 형태가 아니라 나누어 보유하니까 비현실적인 분석이었지. 토빈은 투자자들이 위험성과 수익성을 감안해 자산을 화폐와 채권으로 나누어 보유한다고 분석하여 케인스 이론의 비현실성을 보완했어.

지금은 토빈이 포트폴리오 이론을 발표했을 때에 비해 금융 상품의 종류가 훨씬 많아져서 사람들의 포트폴리오도 매우 다양해졌지. 그렇지만 "계란을 한 바구니에 담지 마라"는 지금도 여전히 변함없는 진리야. 그러니까 투자할 때는 꼭 수익성, 안전성, 유동성을 저울질해 보며 자산을 분산해서 포트폴리오를 구성해야 돼. 투자 격언 중에 이런 말도 있어. "쉬어가는 것도 투자다." 때로는 금융자산이나 부동산에 투자하지 말고 현금으로 가지고 있으라는 말이야. 주식이나 부동산 가격이 내려갈 거로 예상되면 투자를 늦추고 적절한 시기를 엿보는 것이 현명한 선택이지.

경제학을 더 공부하다 보면 국제거래 분야를 다룰 때 **토빈세**라는 말을 듣게 될 거야. 토빈은 각 나라의 외환시장을 국가를 넘나드는 단기 투기 자본인 핫머니로부터 보호하기 위해 투기 목적의 외환 거래에 대해서 일정한 금액의 거래세를 부과하자고 제안했어. 이런 세금이 토빈세인데, 세계 각국이 다 함께 실시해야만 효과를 거둘 수 있는 제안이라서 아직은 실시되진 않고 거론만 되는 중이야.

토빈세

투기적 이익을 쫓아 국제 금융시장을 이동하는 '단기 자금'은 거래 금액이 크고 짧은 기간 동안에 빈번하게 움직이므로 외환의 수요와 공급에 큰 영향을 주어서 금융시장을 불안하게 만든다. 자금이 갑자기 빠져나가는 나라에서는 국제수지가 나빠지고 환율 변동 폭이 커지며, 자금이 들어오는 나라에서는 통화량이 늘어나 물가가 올라가는 부작용이 생긴다. 1972년, 제임스 토빈은 이러한 부작용을 막기 위해 외환 거래와 외환 거래를 일으키는 주식, 채권, 파생 상품 등 증권 거래에 세금을 부과하자고 제안했다. 이처럼 단기성 외환 거래에 부과하는 세금을 토빈세라고 하는데, 당시엔 주목을 받지 못하다 1990년대에 멕시코 외환 위기와 아시아 외환 위기가 발생하면서 다시 거론되기 시작했다.

2008년에 브라질은 해외로부터 엄청난 자금이 들어와서 헤알화의 가치가 급등하자 외국인이 거래하는 주식 및 채권에 토빈세 1.5%를 부과하기 시작했다. 그러나 2013년에는 반대로 외국인 투자 자금이 급격히 빠져나가자 브라질 정부는 토빈세를 폐지했다. 2016년에 중국도 토빈세를 도입했지만, 세율을 0%로 유지하고 있어 실제로 세금 부과가 이뤄지지는 않았다.

'넛지'가
행동을
결정한다?

리처드 세일러
1945~

Richard H. Thaler

17세기에 네덜란드에서 있었던 '튤립 투기'는 사람들이 한꺼번에 이성을 잃고 투기에 나선 대표적인 사례야. 16세기 중반, 튤립의 아름다운 모양과 선명한 색깔에 반한 사람들은 엄청난 값을 지불하고 원산지인 오스만제국(현재 튀르키예)에서 이를 수입했어. 1600년 무렵부터 중부 유럽에서 튤립 재배가 시작되었는데 수요의 증가가 공급의 증가를 앞질러 가격은 계속 올라갔지. 튤립 사랑이 유난했던 네덜란드에서는 1634년에 튤립 한 뿌리 가격이 1000길더가 넘었어. 500길더가 한 가족의 1년 생활비였는데 말이야. 일주일에 가격이 2배로 치솟으면서, 가장 희귀한 튤립 한 뿌리가 요즘 가격으로 10만 달러(약 1억 3000만 원)에 팔리는 기막힌 일도 일어났지. 그러다 1637년 2월, 튤립의 공급이 늘자 상황은 돌변했어. 결국 튤립 가격이 예전의 1% 수준까지 떨어졌고 빚으로 사재기했던 수많은 사람이 빚더미에 올라앉았지.

튤립 투기 이후에도 주식이나 부동산 시장에서의 투기는 세계 곳곳에서 끊임없이 계속되었어. 이성으로는 이해할 수 없는 현상이 지속된 거야. 그러자 '인간은 합리적으로 선택하고 행동하는 존재'라는 경제학의 가정을 버리고, 실제 행동을 바탕으로 경제를 연구하려는 '행동경제학'이 탄생했어. 시카고대학교 행동과학 및 경제학 석좌교수인 리처드 세일러는 행동경제학에 대한 공헌으로 2017년에 노벨경제학상을 받았지.

리처드 세일러는 1945년 미국 뉴저지주 이스트오렌지에서 태어났어. 로체스터대학교에서 경제학 석·박사학위를 받은 후 로체스터대학교 경영대학원, 코넬대학교와 존슨경영대학원 교수를 거쳐 1995년부터 시카고대학교 부스경영대학원 교수로 재직했지. 그는 노벨경제학상을 받기 전에도 한국에서는 유명했어. 캐스 선스타인과 공동 집필한 베스트셀러 《넛지: 똑똑한 선택을 이끄는 힘》을 통해서 말이야. 이 책의 세계 판매량 중 3분의 1 가량이 한국에서 팔렸거든.

넛지(nudge)는 원래 '팔꿈치로 슬쩍 찌르다', '주위를 환기시키다'라는 뜻인데, 저자들은 '사람들의 선택을 유도하는 부드러운 개입'이라고 정의했어. 특정한 방향으로 반응하거나 인센티브(보상)를 주는 직접적인 개입과 달리, 개인에게 선택의 자유를 주되 좋은 선택으로 유도할 수 있다는 개념이지. 사람을 합리적인 선택을 하는 '경제적 인간(Econ)'과 그렇지 않은 '평범한 인간(Human)'으로 나눈다면, 대부분의 사람은 경제적 인간이 아니라서 좋은 선택을 돕는 넛지가 필요하다고 설명했어.

넛지 효과를 이끌어 내려면

구매 의사를 묻는 것만으로 구매율이 35% 올라가는 이유는 뭘까? 디지털 카메라에서 '찰칵' 소리가 나는 이유는? 화장실 소변기에 파리 모양의 스티커를 붙여 놓는 이유는? 도로의 위험한 커브가 시작되는 지점에 연속으로 하얀 선을 그려 놓은 이유는? 이 모두가 '넛지' 효과를 이끌어 내기 위함이야.

그동안 행동경제학 관련 책들이 인간의 어리석은 행동을 알려주고 이런 행동을 하지 말라고만 했었거든. 그런데 이 책은 한 걸음 나아가 넛지를 통해 유혹을 이기거나 저축을 늘리는 방법, 더 좋은 세상을 만들기 위해 사회가 해야 할 일과 방법을 구체적으로 소개했어. 주변 사람들, 기관과 정부에 건의해 개선시킨 사례도 담아 건강하고 자유로운 삶을 사는 방법을 찾는 데 도움을 주었지.

사례의 하나로, 학교 교내 식당에서 음식 종류는 바꾸지 않고 음식 배열만 바꾸었는데 특정 음식의 소비량이 25% 증가하거나 감소했어. 넛지로 학생들이 건강에 좋은 음식을 선택하도록 유도한 거지. 노후 대비를 돕기 위해 넛지를 활용한 사례도 있어. 1990년에 퇴직연금 가입자를 대상으로 한 실험에서 디폴트 옵션을 몇 가지 바꾸자 근로자 절반의 평균 저축 금액이 2년 만에 소

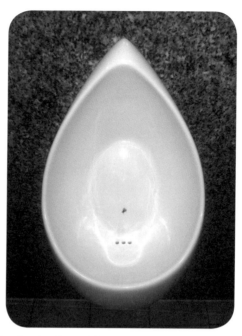

| 넛지 효과를 유도하는 소변기. 소변기에 파리 모양 스티커를 붙여 놓자 변기 밖으로 새어 나가는 소변 양이 줄었다. (출처: 위키미디어커먼즈) |

득의 3.5%에서 11.5%로 늘어났지.

세일러의 《승자의 저주: 경제 현상의 패러독스와 행동경제학》 (1991년)은 경제 지식의 대중화에 크게 기여했다는 평가를 받아. 경제를 수학적 분석이나 통계적 방법이 아니라 심리학이나 사회 과학적인 방법으로 분석해 일반 사람들도 쉽게 이해할 수 있게 해 주었거든. 이 책은 '승자의 저주' 같은 경제의 이상 현상을 13개의 주제로 나누어 경제학 지식이 없어도 재미있게 읽을 수 있어. '승자의 저주'는 본래 1950년대 석유 채굴권 경매에서 과열 경쟁으로 낙찰가가 실제 가치보다 높게 결정되어 승자가 오히려 손해를 보게 된 상황을 가리키는 말이야.

행동경제학

행동경제학은 인간이 항상 합리적으로 행동하지는 않는다는 사실을 인정하고, 경제학에 심리학이나 사회학 등 다른 학문을 접목해 인간의 행동을 연구하는 분야이다.

행동경제학의 창시자로 1978년에 노벨경제학상을 수상한 허버트 사이먼은 인간은 자신이 아는 범위 내에서 최선의 선택을 하려 들지만, 불완전한 정보의 양과 질, 충동과 비일관성이라는 '제한된 합리성(bounded rationality)'으로 인해 비합리적인 선택을 하게 된다고 보았다. 사이먼의 영향을 받은 경제학자이자 심리학자인 대니얼 카너먼과 아모스 트버스키는 실험을 통해 경제 주체들이 반드시 합리적인 결정을 하지는 않는다는 '준합리적 경제 이론' 분야를 개척했다. 이들은 불확실한 상황에서 복잡한 의사결정을 할 때 제대로 된 선택을 하지 못하거나, 심리 상태에 따라 상황을 다르게 받아들이는 사례를 분석하여 비합리적인 행동도 체계적으로 설명할 수 있음을 밝혀냈다.

지구상에서 굶주림이 사라지지 않는 이유는?

제프리 색스 ·
1954~

윌리엄 이스털리 ·
1957~

Jeffrey Sachs

William Easterly

원조를 늘리면 빈곤이 사라질까?

프랑스에서 《왜 세계의 절반은 굶주리는가?》(1999년)가 출간된 후 긴 세월이 흘렀어. 책은 아들이 기아와 관련된 질문을 하면 아버지가 차근차근 설명하는 형식으로 쓰였지. 출간 당시 저자 장 지글러(1934년)의 나이가 65세였으니까, 어린 아들이 있는 아버지는 아니었을 텐데, 이런 글쓰기 형식을 택한 걸 보면 불편한 진실을 담담하게 전할 방법을 찾으려고 많이 고심했었나 봐.

이 책이 나오고 저자는 2000년부터 8년간 '유엔 인권위원회 식량특별조사관'으로 일했어. 그는 유엔에서 일하며 기아 해결을 위해 온 힘을 다했을 거야. 그러나 현실은 그리 나아지지 않았지. 한국어판 서문을 보면 2005년 만성 영양실조에 시달리는 인구는 8억 5000만 명이고, 10세 미만의 어린이는 5초에 1명씩 굶어 죽어 가고, 3분에 1명씩 비타민 A 부족이나 썩은 물로 인해 시력을 잃고 있다고 적혀 있거든. 최근 실태가 궁금해서 유엔식량농업기구(UNFAO)의 보고서를 찾아보니 2022년 기준, 만성 영양실조에 시달리는 인구는 7억 3500만 명이었어.

전 세계의 사람들이 힘을 모아 기아 퇴치를 위해 힘쓰는데도 왜 상황은 나아지지 않는 걸까? 원조를 더 많이 하면 기아를 퇴출시킬 수 있을까? 지구상의 굶주림 문제를 놓고 컬럼비아대학교의 제프리 색스 교수와 뉴욕대학교의 윌리엄 이스털리 교수는 서로 다른 견해로 논쟁을 벌였어.

먼저《빈곤의 종말》(2005년)의 저자인 제프리 색스 교수는 빈곤 문제를 해결하려면 부자 나라와 부유한 사람들의 원조와 기부가 반드시 필요하다고 주장했지. 그는 1983년에 하버드대학교에서 경제학 박사 학위를 받자마자 하버드대학교의 최연소 정교수가 되었어. 하버드국제개발연구소장으로서 개발도상국의 경제정책 및 경제개발에 대한 연구를 주로 했지. 컬럼비아대학교 지구연구소로 자리를 옮긴 후에는 유엔의 '새천년 개발목표(Millennium Development Goals)'에 참여해 지구상의 빈곤 퇴치에 앞장섰던 경제학자야. 새천년 개발목표의 8대 목표 중에서 첫 번째가 절대빈곤 및 기아 퇴치였지. 다행히 2015년까지 절대빈곤층[*] 인구를 1990년 대비 반으로 줄인다는 목표는 달성했어. 그러나 기아로 고통 받는 사람을 반으로 줄이는 데는 실패했지.

그는 원조와 기부가 부족해서 지구상에 아직도 빈곤과 기아로 고통 받는 사람들이 있다고 주장했어. 원조와 기부가 빈곤 문제를

• 1996년에 세계은행은 절대빈곤층(extreme poverty)을 하루 1달러 이하로 생활하는 사람들로 정의했다. 절대빈곤층의 기준은 화폐가치의 변화를 반영해 2005년엔 하루 1.25달러 이하, 2011년엔 하루 1.90달러, 2022년엔 하루 2.15달러로 조정되었다.

모두 해결할 수는 없지만, 해결의 출발점이 될 수 있다고 강조하면서 말이야. 빈곤한 사람을 부유하게 만들자는 게 아니라, 너무 가난해서 끼니 해결이 어려운 사람들이 최소한의 생활을 할 수 있도록 돕자는 거니까, 충분히 할 수 있다는 거야. 미국의 상위 1% 부자들이 세금을 더 내거나 기부하면 가능하다면서 말이지.

✫ 색스-이스털리 논쟁 ✫

부유한 사람들의 원조와 기부가 필요하다.

원조 옹호론

원조 비판론

원조를 받는 나라의 부패만 키운다.

제프리 색스
《빈곤의 종말》 저자

윌리엄 이스털리
《세계의 절반 구하기》 저자

원조 방식과 목표의 변화가 필요하다

《세계의 절반 구하기》(2006년)의 저자 윌리엄 이스털리 교수의 시각은 조금 달라. 그는 원조가 가난한 나라들이 스스로 빈곤 해결의 대책을 마련하는 일을 방해하고, 원조를 받는 나라의 부패만 키울 뿐이라고 했어. 빈곤을 벗어나는 가장 바람직한 방법은 가난한 나라들이 자유 시장 시스템을 도입해 스스로 문제를 해결할 방안을 찾는 것이라고 주장했고.

이스털리 교수는 1985년에 MIT에서 경제학 박사 학위를 받은 후 세계은행에서 원조 관련 일을 했어. 물론 그도 모든 원조가 불필요하다고 주장한 건 아니야. 여러 기관이 공동으로 참여하는 원조를 없애고, 원조도 자유 시장 경제의 원리에 따라 성과를 내면 보상을 받고 실패하면 책임을 져야 한다고 했지. 공동 원조는 개별 기관의 성과를 평가하기 어렵고, 확실하게 책임지는 곳이 없어서 좋은 성과를 내지 못한다고 생각했거든. 그래서 그는 원조 방식과 목표를 바꾸자고 제안했어. 스스로 잘할 수 있는 분야에 집중하고, 원조에 대한 책임을 명확하게 하며, 투명한 피드백을 통해 성과를 정확히 평가하도록 말이야.

이스털리 교수는 대외 원조 형태를 '계획가'와 '탐색가'로 나누었어. 계획가 형태는 세계의 빈곤을 퇴치한다는 거창한 목표를 세우고 지역이나 특수 상황을 고려하지 않은 채 실행 계획을 세운다고 짚었지. 처음 의도는 좋지만, 원조 실행에만 만족하고 책임은 지지 않는다고 지적했어. 반면에 탐색가 형태는 빈곤 지역의 특성과 원조를 받는 사람의 상황을 고려해서 이들에게 필요한 것을 찾는다고 보았어.

　제프리 색스 교수와 윌리엄 이스털리 교수가 원조의 방법에 대해 논쟁을 벌였듯이, 경제학자들이 같은 문제를 놓고 서로 다른 주장을 펴는 일은 허다해. 경제학은 하나의 문제에 대하여 한 가지 답을 제시하는 게 아니라, 논쟁을 통해서 최선의 답을 찾아가는 학문이니까. 경제학, 정말 멋있지 않니!

새천년 개발 목표와 지속 가능 발전 목표

새천년 개발 목표는 2000년 9월에 유엔(UN)에서 채택된 의제로, 2015년까지 빈곤을 반으로 감소시키자고 전 세계가 합의한 의제이다. 이 약속 기한이 끝나기 전, 2015년 9월에 유엔 회원국은 2030년까지 달성할 '지속 가능 발전 목표 (SDGs: Sustainable Development Goals)'에 합의했다. 이는 미래 세대의 필요를 충족시킬 수 있으면서 현재 세대의 필요도 충족시키는 지속 가능한 발전을 위한 국제적인 약속이다. 새천년 개발 목표는 저개발국가의 빈곤과 보건 문제를 중심으로 목표를 설정했지만 지속 가능 발전 목표에는 사회개발 및 경제개발, 환경보호, 정의와 평화를 실현하는 등 모두가 잘사는 세상을 만들기 위한 목표가 포함되었다.

| 2030년까지 달성 약속한 공동의 17개 목표 |

목표 1 모든 형태의 빈곤 종결

목표 2 기아 해소, 식량 안보와 지속 가능한 농업 발전

목표 3 건강 보장과 모든 연령대 인구의 복지 증진

목표 4 양질의 포괄적인 교육 제공과 평생 학습 기회 제공

목표 5 성평등 달성과 모든 여성과 여아의 역량 강화

목표 6 물과 위생의 보장 및 지속 가능한 관리

목표 7 적정 가격의 지속 가능한 에너지 제공

목표 8 지속 가능한 경제 성장 및 양질의 일자리와 고용 보장

목표 9 사회 기반 시설 구축, 지속 가능한 산업화 증진

목표 10 국가 내, 국가 간의 불평등 해소

목표 11 안전하고 복원력 있는 지속 가능한 도시와 인간 거주

목표 12 지속 가능한 소비와 생산 패턴 보장

목표 13 기후 변화에 대한 영향 방지와 긴급 조치

목표 14 해양, 바다, 해양 자원의 지속 가능한 보존 노력

목표 15 육지 생태계 보존과 삼림 보존, 사막화 방지, 생물 다양성 유지

목표 16 평화적·포괄적 사회 증진, 모두가 접근 가능한

사법제도와 포괄적 행정제도 확립

목표 17 이 목표들의 이행 수단 강화와 기업 및 의회, 국가 간의

글로벌 파트너십 활성화

출처 : 유엔 지원 SDGs 한국협회

《경제 분석의 기초 Foundations of Economic Analysis》, 폴 새뮤얼슨

《경제학 Economics》, 폴 새뮤얼슨

《경제학 원리 Principles of Economics》, 앨프리드 마셜

《고용, 이자 및 화폐에 관한 일반 이론 The General Theory of Employment, Interest and Money》, 존 메이너드 케인스

《공산당 선언 The Commnunist Manifesto》, 카를 마르크스 & 프리드리히 엥겔스

《국가의 부의 성질과 원인에 관한 연구 An Inquiry into the Nature and Causes of the Wealth of Nations》, 애덤 스미스

《넛지 Nudge》, 리처드 세일러, 캐스 선스타인

《노예의 길 The Road to Serfdom》, 프리드리히 하이에크

《도덕감정론 The Theory of Moral Sentiments》, 애덤 스미스

《미국 통화의 역사 1867~1960 A Monetary History of the United States 1867~1960》, 밀턴 프리드먼

《법, 입법 그리고 자유 1~3권 Law, Legislation & Liberty Volumes 1~3》, 프리드리히 하이에크

《빈곤의 종말 The End of Poverty》, 제프리 색스

《세계의 절반 구하기 The White Man's Burden》, 윌리엄 이스털리

《순수경제학 요론 Éléments d'Économie Politique Pure》, 레옹 발라

《승자의 저주: 경제 현상의 패러독스와 행동경제학 The Winner's Curse: Paradoxes and Anomalies of Economic Life》, 리처드 세일러

《왜 세계의 절반은 굶주리는가? World Hunger Explained to my Son》, 장 지글러

《유한계급론 The Theory of the Leisure Class》, 소스타인 베블런

《인간의 교환거래 법칙과 인간 행위의 규칙 Entwickelung der Gesetze des menschlichen Verkehrs, und der daraus fließenden Regeln für menschliches Handeln》, 헤르만 하인리히 고센

《인구론 An Essay on the Principle of Population》, 토머스 로버트 맬서스

《인성론 A Treatise of Human Nature》, 데이비드 흄

《자본론 Das Kapital》, 카를 마르크스

《자본주의와 자유 Capitalism and Freedom》, 밀턴 프리드먼

《자유헌정론 The Constitution of Liberty》, 프리드리히 하이에크

《정치경제학과 과세의 원리 On the Principles of Political Economy and Taxation》, 데이비드 리카도

《정치경제학의 국민적 체계 Das nationale System der politischen Oekonomie》, 프리드리히 리스트

《화폐개혁론 A Tract on Monetary Reform》, 존 메이너드 케인스

《화폐의 구매력 The Purchasing Power of Money》, 어빙 피셔

쓸모 있는 공부 01

세상에서 가장 쓸모 있는 경제학

초판 1쇄 인쇄 2024년 4월 15일
초판 1쇄 발행 2024년 4월 25일

지은이 석혜원
그린이 신병근
함께 그린이 이혜원·선주리

펴낸이 홍석
이사 홍성우
인문편집부장 박월
편집 박주혜·조준태
디자인 신병근·선주리
마케팅 이송희·김민경
제작 홍보람
관리 최우리·정원경·조영행

펴낸곳 도서출판 풀빛
등록 1979년 3월 6일 제2021-000055호
주소 07547 서울시 강서구 양천로 583, 우림블루나인 A동 21층 2110호
전화 02-363-5995(영업), 02-364-0844(편집)
팩스 070-4275-0445
홈페이지 www.pulbit.co.kr
전자우편 inmun@pulbit.co.kr

ISBN 979-11-6172-917-6 44320
        979-11-6172-916-9 (세트)

• 책값은 뒤표지에 표시되어 있습니다.
• 파본이나 잘못된 책은 구입하신 곳에서 바꿔드립니다.